楽しさ無限大！　楽しみ果樹パラダイスへようこそ

庭先に果樹があると、子どもや孫のおやつになり、実も楽しめる庭木として暮らしを豊かにしてくれます。スーパーにも見事な果物が一年中並んでいますが、自分で育てて味わう楽しさは格別です。

本書は、月刊『現代農業』の記事をもとに、庭先の楽しみ果樹を極めた農家のさまざまなアイデアを一冊にまとめたものです。

とくに注目したいのは「接ぎ木」のワザ。庭先はスペースが限られているので、１つの樹に複数の品種を接ぎ木すれば、１本でいくつもの果物を楽しむことができます。本書では、そんなあっと驚く「非常識な」接ぎ木のワザや、失敗しない接ぎ木のやり方のコツなどをたくさん紹介しています。

また、病気や害虫の被害にあいやすい果樹を最低限の農薬でばっちり守るポイントや、多品目の果樹に使える便利な農薬、化学農薬を使わない病害虫対策も紹介しています。

いっぽうで、手入れができなくなって大木化してしまったカキやウメ、ユズやビワなどに困っている方も多いと思います。本書ではこれを「放ったら果樹」と呼び、コンパクトに仕立て直す簡単な方法も紹介しています（106ページ〜）。

気軽に実践できるアイデアが満載です。自由に無限大に楽しめる「楽しみ果樹パラダイス」をぜひご堪能ください。

２０２３年９月

農山漁村文化協会

1本の樹でカンキツ100品種！多品種接ぎ木で、楽しみすぎ果樹

埼玉県行田市●宮原恒紀

私は、狭い土地でたくさんの果物を楽しむために、果樹の多品種接ぎをしています。

写真のカンキツの樹には、100品種の品種を接ぎ木しました。

自宅の庭と、近くの土地を合わせた350坪ほどの土地で、約550品種の果樹を栽培している。

（宮原さんの接ぎ木の詳しいやり方は36ページをご覧ください）

接ぎ木直後の枝。接ぎ木後は忘れないようにビニールテープなどを貼り付けて日付と品種名を書いておく

庭の片隅にある、100品種を接ぎ木したカンキツ樹。色も形もさまざまな果実が実っていて、見ているだけでも楽しい（写真はすべて依田賢吾撮影）

駐車場のカーポートはブドウやキウイの棚。もちろんさまざまな品種を接ぎ木している

庭の隅に並べているフィンガーライムの各品種の苗（左の緑の鉢）と、マンゴー各品種の苗（右の黒い鉢）。中央には多品種接ぎのリンゴ樹が見える

あこがれの国産アボカドを、鉢植えで楽しむ

静岡県牧之原市●谷口恵世

鉢に植え付けたアボカド苗。植え付け後は軒先など半日陰に置いて管理する（黒澤義教撮影、以下K）

輸入アボカドは、輸送の関係で未成熟のものが販売されます。自家用栽培なら樹上で十分成熟させることができ、油分率が高くなって、味が濃厚でクリーミー。まるでクリやカボチャのような甘みさえあり、輸入品とは大違い。樹の見た目も特徴的で、観葉植物としても楽しめます。

自家用栽培には、接ぎ木した苗木の鉢植えをおすすめします。最短2年で収穫可能なうえ、室内に移動させられるので、栽培上の課題となる冬の寒さから樹を守りやすい。日に当てたり、遮光したりといった管理や温度調整、害虫対策も容易です。鉢の中で育つため、根の生育が制限され、大木になることもありません。空いた育苗ハウスや軒先で自家用に育てて楽しむにはいい栽培法です。

筆者。アボカド研究会を主宰

鉢植えで育てる場合は、手で授粉すると
確実に実がなる（K）

家庭用なら10号鉢（直径30㎝）に植えると、
育てやすく移動もしやすい（K）

樹上成熟した果実は油分たっぷりで濃厚。甘みも感じられる。
未成熟の果実が多い輸入アボカドとは別物

（谷口さんのアボカド鉢植え栽培の記事は86ページをご覧ください）

目次

楽しみ果樹編

楽しみ果樹の病害虫対策

放ったら果樹活用編

放ったら果樹の手入れ術

【クスリを使わず病害虫を防ぐ工夫】

これならできる熱帯果樹

【収穫の便利道具】

※執筆者・取材対象者の年齢、所属、記事内容等は記事掲載時のものです。

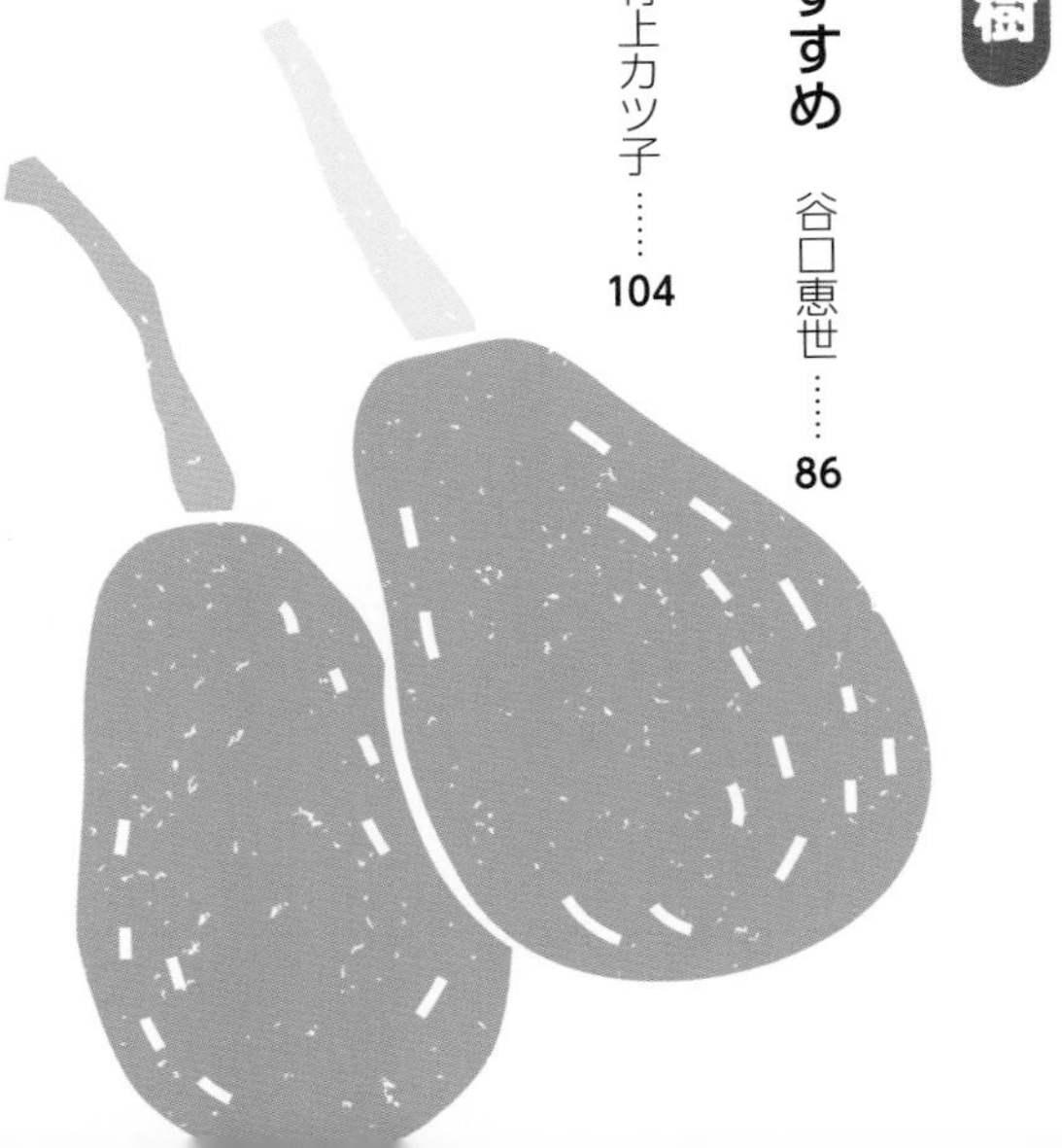

知りたいことから探せる　品目別さくいん

（50音順、数字は該当ページ）

楽しみ果樹編

楽しみ果樹 きほんのき

庭先の楽しみ果樹 Q&A

●赤井昭雄

果樹の専門家の赤井昭雄さん（元徳島県果樹試験場）に、庭先果樹の栽培でよくある悩みや疑問について答えていただいた。

Q お父さんが毎年、カキの樹を手入れしてくれるけれど、ぜんぜん実がつきません……。

A カキは枝の先端のほうにしか花芽が着きません。せん定で切り落としてしまったのかも。

果樹には「結果習性」というのがあって、枝のどこに花芽が着くのかが樹種によって決まっています（11ページの図）。カキの場合は、枝の先端から3芽が花芽になる習性があるので、庭木を切る感覚で枝の途中からスパスパと切っていくと、先端の花芽が除かれてしまいます。当然、花は咲かず実もつきません。

それに対して、ウメやモモ、ブドウは枝の中間に花芽があるので、途中で切っても実がなります。

落葉果樹の花芽は膨らみが大きく、葉芽は比較的小さいので、慣れれば誰でも区別できます。花芽は、花だけでなくそこから葉も出てくる「混合芽」と、花だけが出てくる「純生花芽」に区別できます。樹種ごとの花芽の特徴を確かめてから、せん定してみてください。

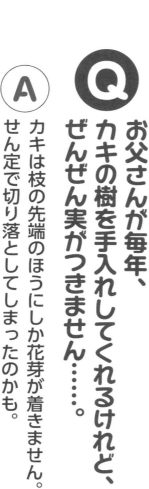

Q リンゴとモモを植えています。花は咲くけど、ほとんど落ちて実がつきません。

A 受粉用に他品種を６ｍ以内に植えて、ミツバチに活躍してもらいましょう。

植物は花が咲いて、おしべの花粉がめしべの柱頭について初めて受精します。自分の花粉で受精して実をつけることを「自家受粉」といいますが、自家受粉する果樹は、ブドウ、イチジク、カンキツなどです。

一方、自家受粉せずに相性のよい他の品種の花粉によって受精し、実をつ

花芽の着き方と果実のなり方

	混合芽と葉芽をもつ			花芽（純生花芽）と葉芽をもつ	
芽の種類と果実のなり方	〈カキ〉春先の枝 			〈ウメ〉春先の枝 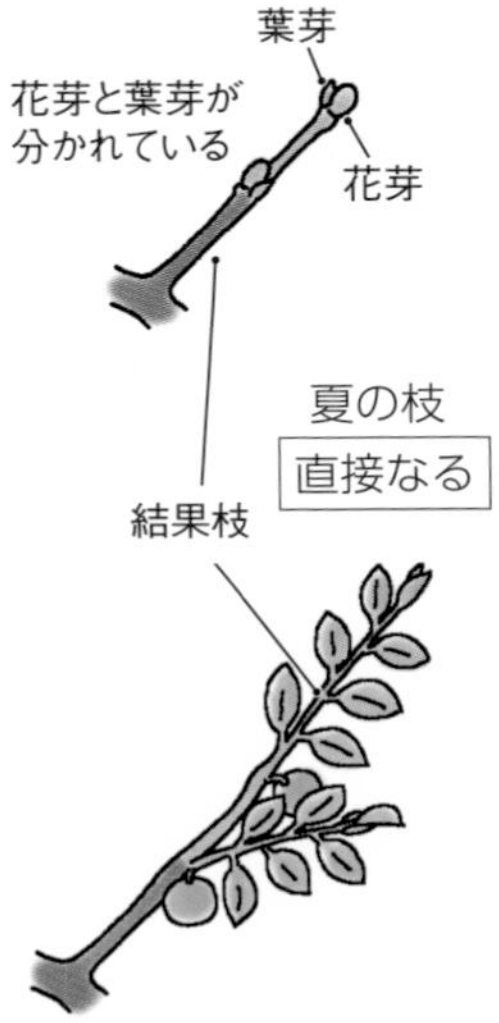	
枝上の花芽位置	頂芽	中間～先端の芽	中間の芽	頂芽 先端の芽	中間の芽
果樹	ナシ リンゴ カリン クルミ オリーブ	カンキツ ザクロ カキ クリ フェイジョア （ナシ、リンゴ）	ブドウ イチジク キイチゴ アケビ	ビワ ブルーベリー	モモ スモモ ウメ アンズ サクランボ スグリ フサスグリ
冬のせん定	先を強く切り返すとならない		中間で切ってもなる	先を強く切り返すとならない	中間で切ってもなる

けるのを「他家受粉」といいます。栽培果樹にはこのタイプが多く、一般的にはミツバチなどの昆虫が花粉を運ぶことで受粉・受精します。

ミツバチは数kmもの遠距離の花畑（蜜源）を探す能力をもちますが、雄花と雌花を訪れて受粉する時の行動範囲は広くありません。安定的に受粉させるには6m以内、広くて10mの間隔で受粉樹を植え付ける必要があり、それより離れると受粉率はかなり低下します（受粉用の品種を接ぎ木するのもよい）。ただし、イチョウやヤマモモといった風媒花は数百mの距離が開いても大丈夫です。

受粉の形態

自家受粉	ブドウ、イチジク、カンキツ、パッションフルーツ（紫種）
他家受粉	ナシ、リンゴ、クルミ、カキ、クリ、モモ、スモモ、ウメ、カンキツの一部（ブンタン、ハッサクなど）、パッションフルーツ（黄色種）
雌雄異株	キウイフルーツ、ヤマモモ、イチョウ

また、キウイフルーツなどは「雌雄異株」といって、おしべのみの花が咲く雄花樹と、めしべのみの雌花樹とがあります。雌花樹を植えないと実はなりませんが、受粉用の雄花樹も必要です。

低温や長雨で訪花昆虫が飛ばず、受粉が心配される時は、午前中に受粉樹の花を摘んで、異品種の雌花の柱頭に直接花粉をつけるのが確実です（人工受粉）。

Q カンキツって、寒くて浜風が強い地域でも栽培できますか？

A ユズは東北でも栽培可能。カンキツは浜風による塩害にも強い。

カンキツは南関東から九州にかけて栽培されていますが、ユズは俗に「落葉性常緑果樹」ともいわれ、常緑でありながらも寒害にあえば葉を落として耐寒性を高め、枯れ込みを防ぎます。岩手県南部でも栽培されており、ツバキが自生していればユズ栽培が可能ともいわれます。

カンキツ類は一般的に、ユズやスダチといった酢ミカンが最も耐寒性が強く、次いで温州ミカン、中晩柑類、オレンジ類の順で寒さに弱くなります。

強い浜風が吹く地域では、海岸近くで風に巻き上げられた海水の塩分飛沫が葉につきます。葉に塩分がつくと浸透圧で脱水症状を起こして落葉したり、最悪の場合は樹全体が枯死します。

カンキツの葉は表面がツルツルしたクチクラ層で覆われており、水分を弾くことができます。しかし、一般的に落葉果樹の葉にはクチクラ層がなく、大きいうえに表面がうぶ毛で覆われているため、塩分飛沫が葉の表面について塩害を受けやすい構造です。福島県

宇和島（愛媛）の段々畑とカンキツ園。海岸沿いの急傾斜園では、「3つの太陽」を利用してサツマイモやジャガイモ、ムギ、カンキツがつくられてきた（小倉隆人撮影）

で果樹産地があるのは海から離れた内陸の中通り地域で、太平洋に面した浜通り地域にはありません。風雨が強いとモモのせん孔細菌病やナシの黒斑病のリスクも高まります。

一方、愛媛県や和歌山県の海に面したミカン産地には、「3つの太陽」があるからとくにおいしいとされています。3つの太陽とは、「天空の太陽」、海面に「反射する太陽」、ミカン園の急傾斜面に「輻射する太陽」をさし、昔から海岸近くの「崖の農地」ともいわれる急傾斜畑で栽培されてきました。つまり、少々の塩害に負けないカンキツ類は海岸近くの温暖地、落葉果樹類は海から離れた立地と、環境に応じて棲み分けてきたのです。

しかし、庭先での栽培となると話は別です。塀や生垣、家屋などで囲まれた場所なら、保温・防風効果も高まります。南面の白壁に沿って植えれば、「反射する太陽」や「輻射する太陽」も味方にできます。水道設備も使えるので、強力な台風で思わぬ塩分飛沫がついても、その日のうちに洗い流せばよいのです。庭先栽培の強みを生かせば、一般果樹園よりも栽培適地は広がります。

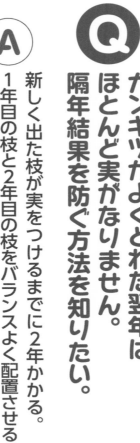

Q カンキツがよくとれた翌年は、ほとんど実がなりません。隔年結果を防ぐ方法を知りたい。

A 新しく出た枝が実をつけるまでに2年かかる。1年目の枝と2年目の枝をバランスよく配置させる簡単な方法もあります。

常緑果樹のカンキツには、前年に実がつかなかった1年生の枝（発育枝、結果母枝）から、翌年に実がつく枝（結果枝）が出てくる習性があります。実がつくまでに2年かかるのです（14ページの図）。したがって毎年、発育枝と結果枝をバランスよく発生させていかないと、豊作年と不作年を交互に繰り返す隔年結果に陥ります。

しかし、収穫後のせん定時にどれが発育枝で、どれが結果枝かを見分けるのは容易でありません。花芽が膨らみ始めるのは春になってからで、落葉果樹と違って冬に花芽を判別することができないからです。そこで、収穫時にせん定も一緒にしてしまう方法がおすすめです。収穫した枝を付け根から切ってしまえば、残った枝が発育枝（結果母枝）となるわけです。実を樹上で完熟させ、食べる時に少しずつ収穫とせん定をしていけばよいのです。

　あるいは、毎年樹の片側だけを刈り込んでいけば、刈り込んだ側は発育枝ゾーン、反対側は結果枝ゾーンに分けられ、片側だけに実をならせることができます（半樹交互結実）。下図のように、1m間隔で数本植えれば、狭い空間を有効活用できますよ。

交互に片側だけならせる

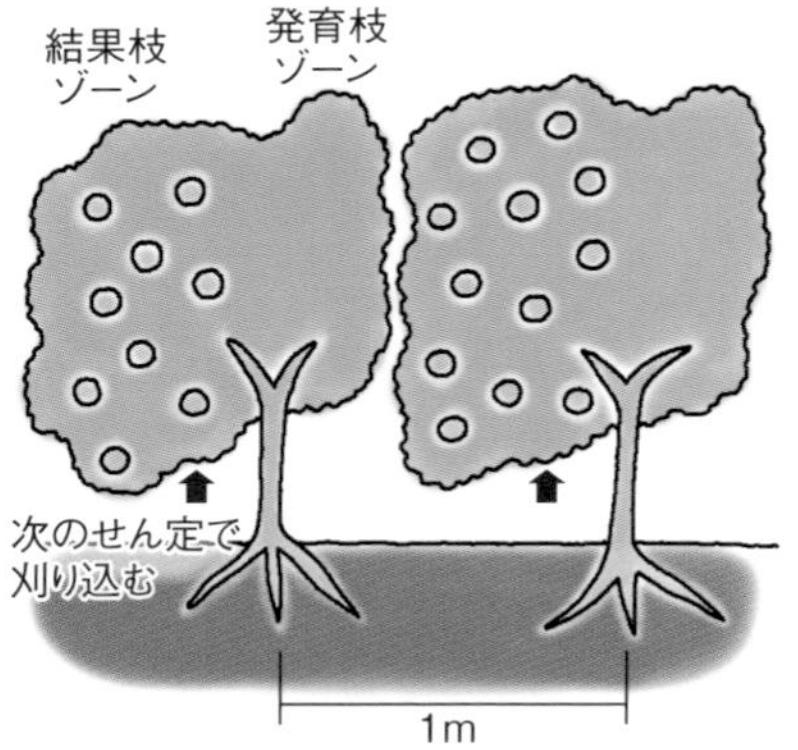

樹が暴れにくい早生品種を1m間隔で植え、毎年交互に片側だけ基部側に10cm程度の枝の土台を残すように刈り込む（発育枝ゾーンとなって、その年は結果しない）。空間を有効活用しながら、隔年結果を防ぐことが可能。もちろん、1本ごとに結果させてもよい

カンキツの果実のなり方

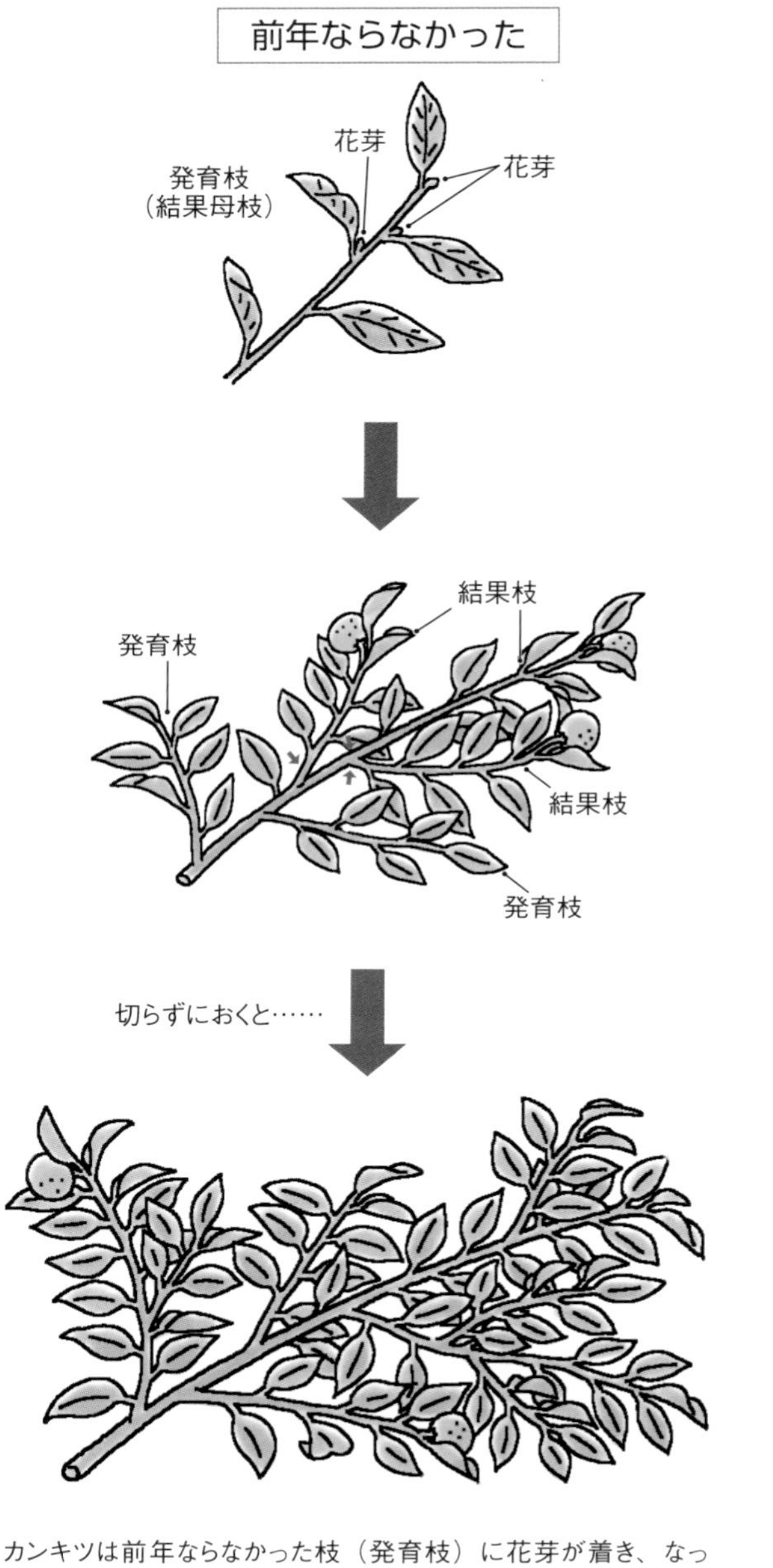

カンキツは前年ならなかった枝（発育枝）に花芽が着き、なった枝（結果枝）には花芽が着かない。せん定で発育枝と結果枝をバランスよく残すには、収穫時に結果枝の付け根（矢印の位置）で切るのがわかりやすい

Q 梅雨時期にブドウの「巨峰」が裂果して傷んでしまいます。摘粒までは進むのですが……。

A 房づくりをせずに放置してみては? 大粒で裂果なしのタネありブドウが楽しめます。

市販品の「巨峰」はジベレリンというホルモン処理を2回します。1回目で花粉の形成を阻害して受精を防ぎ(タネなしにする)、2回目で果実の肥大を促進します。そのうえで房を切り詰め(花穂整形)、適期に摘粒して粒数をそろえ、きっちり締まった果房をつくります。

ところが、庭先で同様にチャレンジしても、摘粒が遅れて梅雨時期に粒が裂果することが多いのです。開花後2週間で摘粒しないと、着果過多で栄養が分散されるため、初期肥大(細胞分裂)が悪くなります。すると、皮の細胞数が少なくなり、梅雨時期に急激に肥大する早生品種(8月収穫)では、皮が実の肥大に追いつけずに裂果してしまうのです。摘粒を早めようとしても、初期は房が小さくてもろく、初心者には怖くてなかなか作業できません。

これを解決する一番簡単な方法は、ジベレリン処理も花穂整形もせずにそのままにしておくことです。すると、開花後に結実しなかった粒がポロポロと落ちる「花振るい」が起こります。自然に粒数が絞られるため、残った粒の初期肥大がよくなるのです。

長い果軸に粒がパラパラとついた房は、見た目が悪い。しかし、食べる時は房から外すので「楽しみ果樹」なら問題ありません。ありがたいことに、受精してできたタネからはジベレリンが分泌されて、大粒に仕上がります。

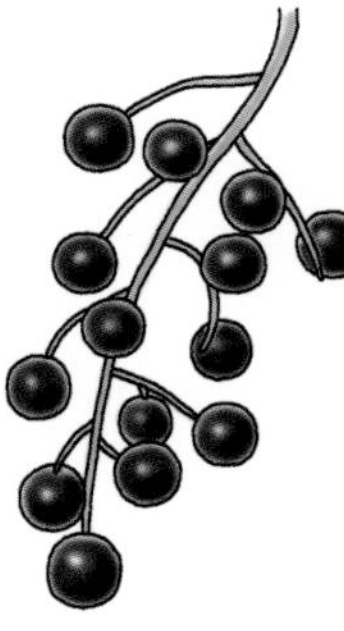

自然に花振るいさせて、大きな粒がパラパラとついた房

Q 狭い庭でも、カキやリンゴなどの本格果樹もつくってみたい。

A 根域制限したり、枝を寝かせてコンパクトに仕立てましょう。

地上部と地下部は連動しているので、根域を制限すれば、細根が多く出て樹勢が落ち着き、コンパクトに仕立てられます。鉢植えでもよいですが、根巻きが発生して長期栽培が難しいので、特殊加工不織布を地中に埋め込む方法がおすすめです。16ページ上の図のように根が不織布に当たっても根巻きせ

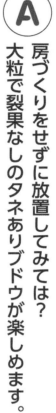

ず、細根だけが少し外に出ます。水は行き来するので、水分変動が地植え栽培とほぼ同じ。根の障害が起きにくいです。

一方、山では大木になったヤマナシ（ナシの台木）を見かけますが、ナシは枝を横に誘引した棚仕立てにすることで、立ち木のように太らず、コンパクトな姿を維持します。根域制限とは順序が逆で、地上部を寝かせると、地下部の根も横に浅く張るわけです。

「カキのミニジョイント栽培」もおすすめです。狭い庭でやる場合は、根域制限して株間を狭くします。主枝の高さ60cm、長さ2m程度の1年生苗木を用意し、先端を切り返さず、株間1mで定植すると同時に樹体どうしを接ぎ木してジョイントします。低木で作業しやすく、早期に実をならせることができます。

ジョイントせずに1本だけの「ジョイント風栽培」でも構いません。カキは枝の先端の3芽に花芽ができるという結果習性です（10ページ）。側枝は3本とし、1年生枝、収穫が始まる2年生枝、収穫2年目の3年生枝を1本ずつ配置します。せん定では毎年3年生枝を間引きます。順繰りに側枝の年次を移動させて収穫していきます（左の図）。強い新梢に大きくて品質のよい果実がとれる品種「太秋」などの栽培に向いています。

不織布を土中に埋めて根域制限

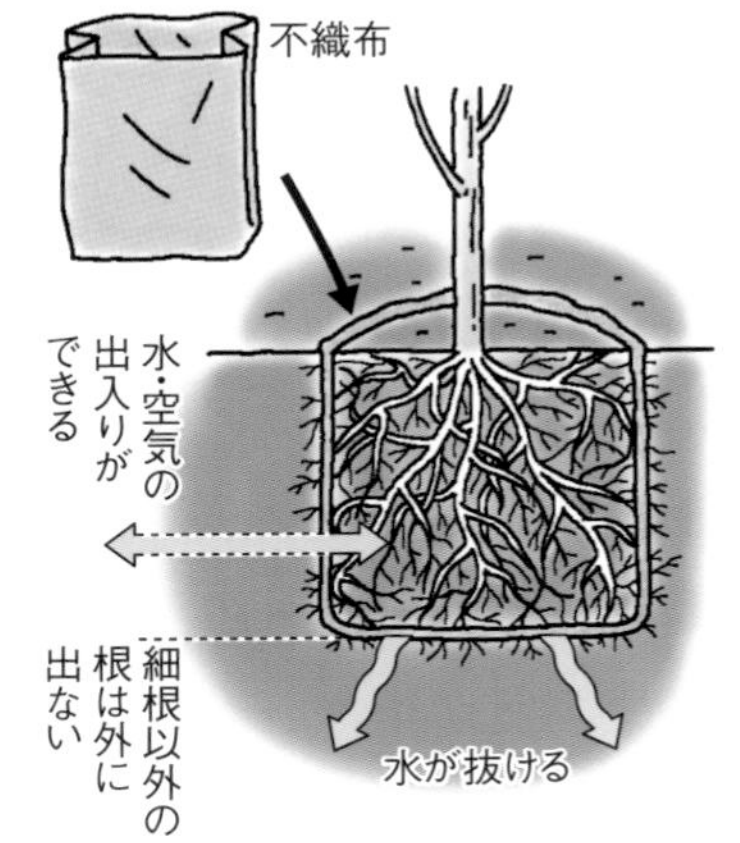

根域制限すると細根が多く出て樹勢が落ち着く。特殊加工不織布として果樹植栽ポット「Jマスター」（グンゼ）などを使用する

カキのミニジョイント栽培の模式図

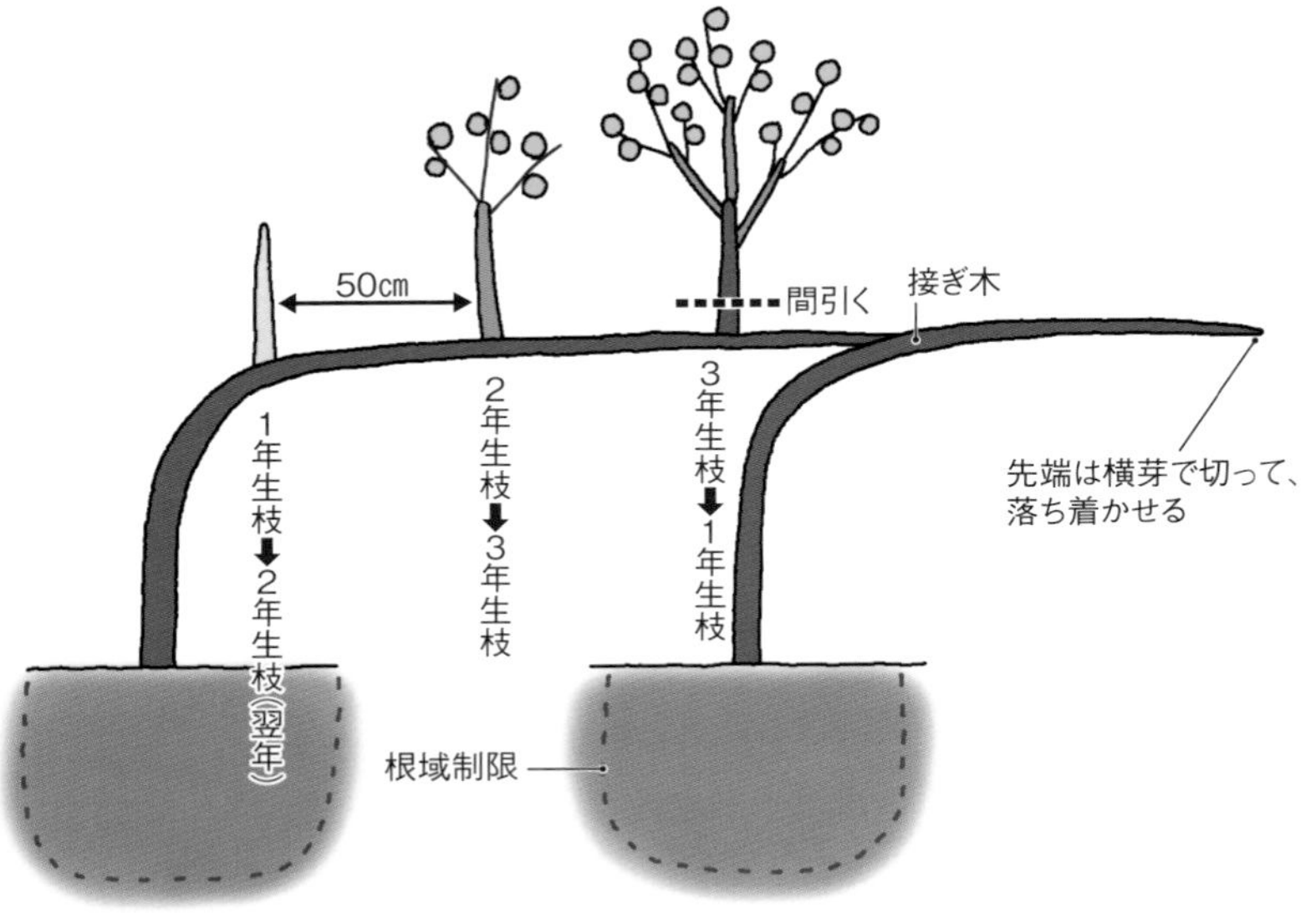

側枝を50cm間隔で3本立てる。1年生～3年生まで年次の違う枝を配置し、3年生枝はせん定時に基部の葉芽を残して間引き、更新する。必要に応じてトレリスや支柱を立てる

リンゴの超低樹高栽培のイメージ

根域制限した1本棒状の苗を横に倒すだけ。腰の高さにすれば作業しやすく、カラスも下から入りづらい

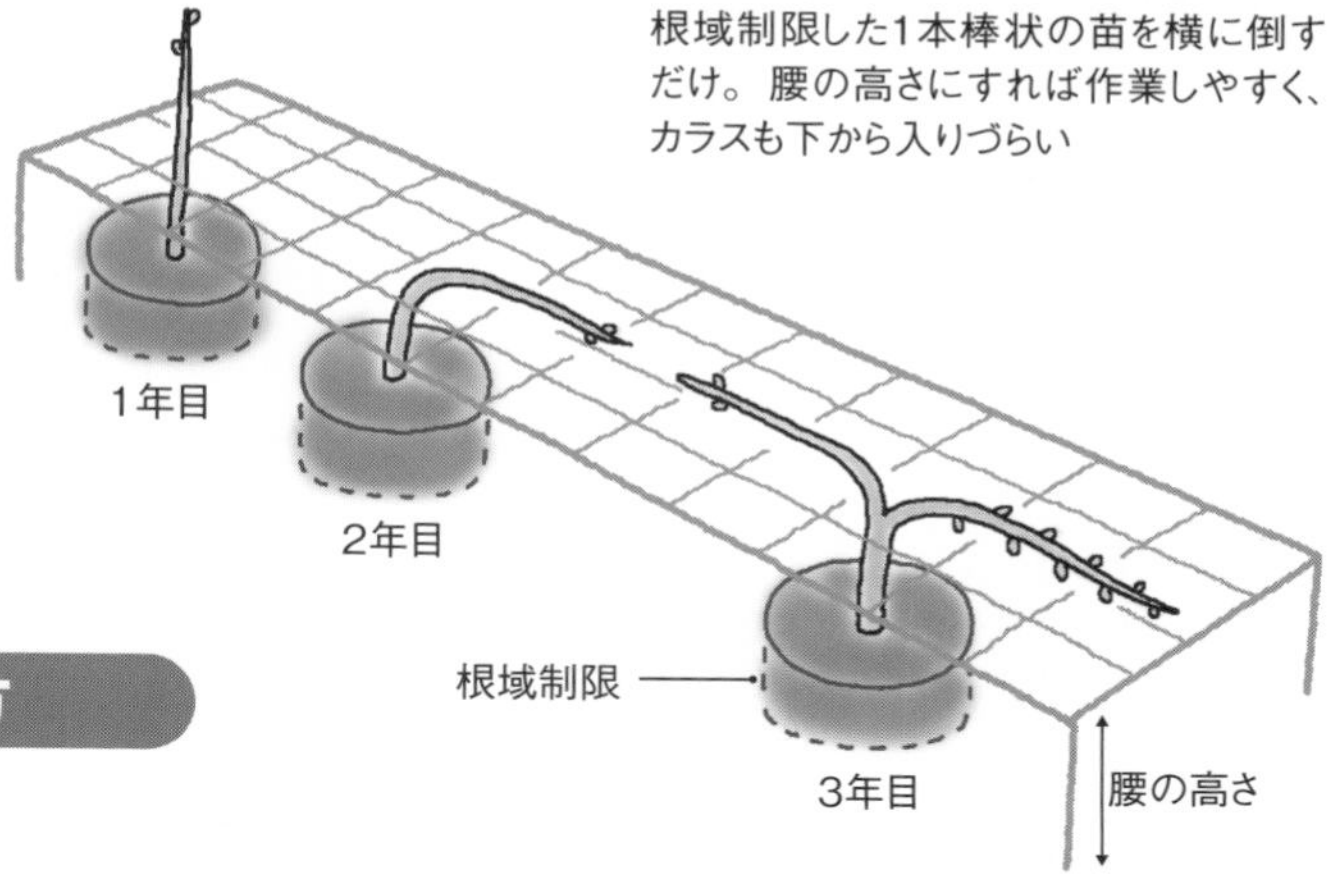

超低樹高リンゴの仕立て方

1本棒状の苗を横に倒したら、先端を切らずに着果させて止める。倒した枝に短果枝を3年ほどならし、花芽が着かなくなったら順次更新していく

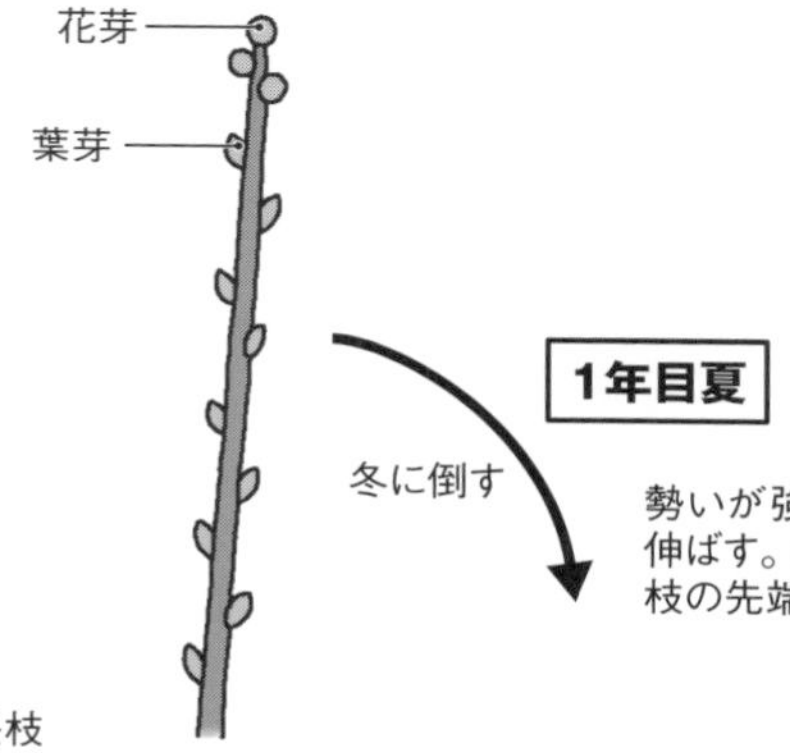

勢いが強くて長い新梢を伸ばす。冬に棚に倒すが、枝の先端は切り返さない

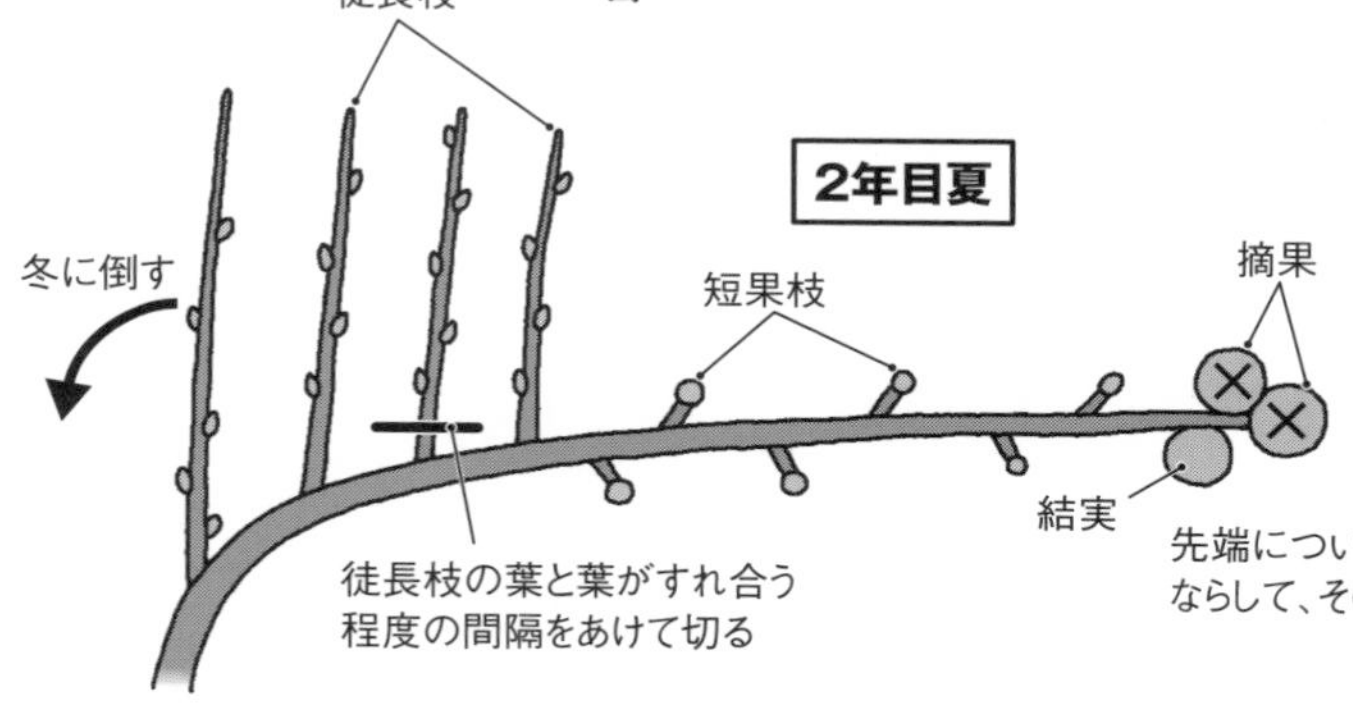

徒長枝の葉と葉がすれ合う程度の間隔をあけて切る

先端についた果実を1個ならして、その他は摘果する

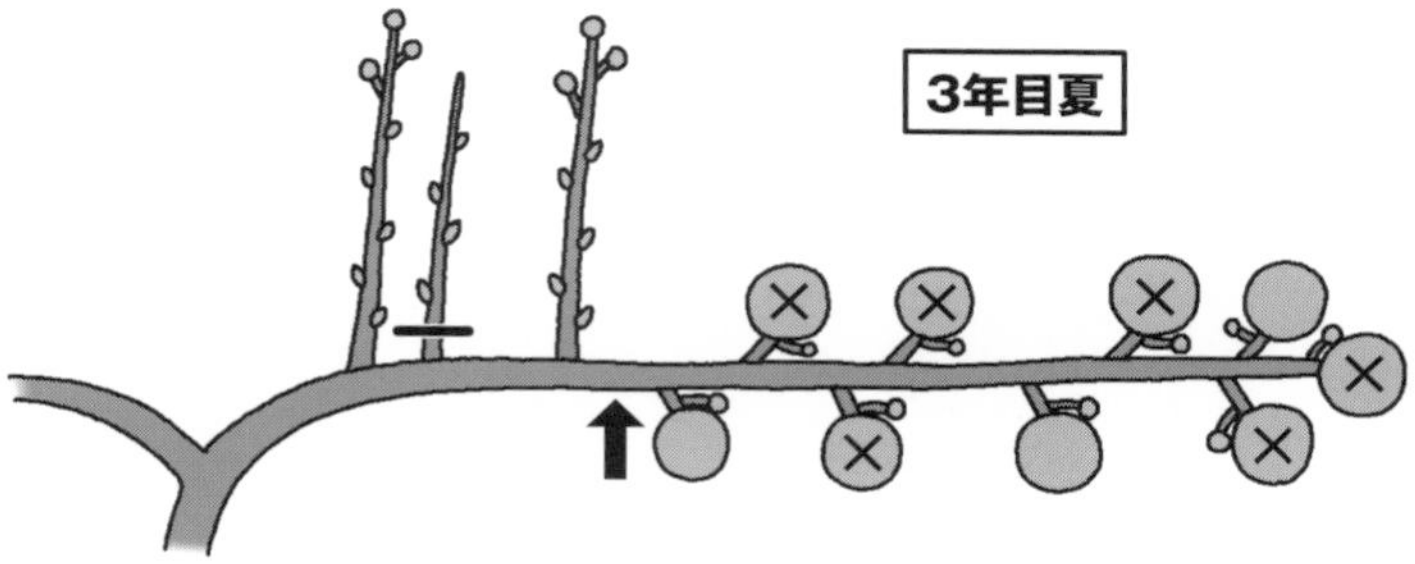

短果枝をならせて3～4芽に1個残すように摘果して収穫する。4年目以降、短果枝の花芽が着かなくなったら矢印の位置で切って新しい枝に更新する

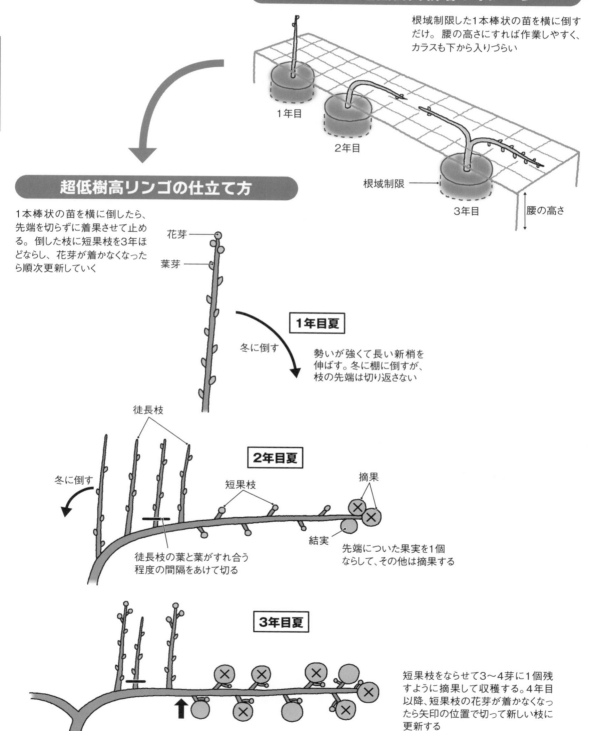

ナシと同様にリンゴも棚仕立てにできます。大木化しにくい「わい性台木」の苗を根域制限して植え、あとは棚上の新梢を倒すだけなので、未経験者にも取り組みやすいです。棚の高さは一般的な頭上でも構いませんが、腰の高さほどの超低樹高もおすすめです。管理作業は棚上からできますし、鳥害にも強い仕立てです。棚下が低いのでカラスなどが入り込めず、棚上は枝葉が邪魔してくれます。

Q 病気や害虫が心配ですが、農薬は使用したくありません。

A 病害虫にとって居心地のよい初発生地を見つけ、予察しましょう。

病気や害虫の発生はある日突然、天からふってくるものではありません。病気や害虫にとって居心地のよい場所が発生源（初発生地）となり、天候などの環境条件が病害虫の発生条件に合致すると、震源地から波紋が広がるように短期間で拡散します。

病害虫の発生を防ぐには、病気や害虫の居心地のよい場所を見つけて早く取り除くことにつきます。初発生地は病気も害虫も毎回同じ場所となりやすいので、これさえ見つければ予察が可能です。日当たり、風通し、排水の悪い場所です。病害虫に侵された枝や葉は見つけ次第持ち出して、焼却処分します。

また、主幹から1mほどの範囲に雑草が茂っていると、モンパ病やシンクイムシ、カミキリムシなどの発生源になりやすい。半径1mを裸地にすることで効率的に予察できます。2つ折りの新聞紙を樹幹周辺の4方向に敷き詰め、風に飛ばされないよう土で重石をのせると、新聞紙マルチとなって草が生えてきません。景観は少し悪いですが、安価で簡単な除草法です。

新聞紙マルチで半径１mを除草

主幹から半径1mは、病気や虫の発生源となりやすい。新聞紙マルチで除草。破れたらまた重ねていく

Q とはいえ、最低限持っておいたほうがいいクスリはありますか？

A 落葉果樹やカンキツ全般に使える石灰硫黄合剤やマシン油乳剤です。

庭先果樹といえども、法律（農薬取締法）に基づく登録農薬を使用しなければなりません。農薬ボトルのラベルに記載されている農薬使用基準も遵守しなければなりません。ラベルには作物名別に適用病害虫が記載され、希釈倍率・使用時期・使用回数などの詳細な条件が定められています。

しかし、異なる品目を植えているのが庭先果樹。多くの樹種で共通に使える農薬を用意しておくのがいいでしょう。病気対策には冬期（休眠期）に使う「石灰硫黄合剤」。害虫対策には、カイガラムシ・ハダニを窒息死させる「マシン油乳剤」があるといいですね。

Q せっかくできた実がヒヨドリやムクドリに食害されてしまった。

A 収穫直前に網をかけて物理的に防ぎましょう。

果樹産地ではそろって収穫期を迎えるので、野鳥にとってはエサ場が多く、分散されます。しかし、周囲に果樹が少ない庭先果樹は格好の標的となり、エサ場が集中してしまいます。

ヒヨドリは落葉果樹よりもカンキツ類を好みます。伊予柑などの皮の厚いものは被害が少なく、皮が薄くて甘い品種ほどねらわれます。ムクドリは初

直管パイプと弾性ポールを使った簡単鳥除け

直管パイプを打ち込んで、弾性ポールをアーチ型に差し込んで枠をつくり、網をかけるだけでできる（詳しくは、ネット検索で「防鳥網の簡易設置『らくらく設置2.0』」を参照）
（写真提供：農研機構畜産研究部門 動物行動管理研究領域 動物行動管理グループ）

夏から秋にかけて収穫期を迎えるモモ、ナシ、ブドウ、カキなどを熟した頃に次々と食害していきます。時に数百羽以上の群れで飛来し、甚大な被害となることもあります。ただ、ムクドリはショ糖を消化できないので、カンキツ類は加害しません。

庭先果樹は人家に隣接しているので、爆音器などの脅しは使えません。果実を袋掛けしても、紙袋の上からつつかれます。テグスや網などの物理的な防御が一番確実でしょう。

ヒヨドリ、ムクドリともに体長20cm強の小さな鳥です。高さ2m程度の低木なら、直管パイプと弾性ポールを使った簡易な鳥除けがおすすめ（19ページの写真）。また、収穫直前に網目の小さい防鳥網を被せるだけでも有効です。

（元徳島県果樹試験場）

わが家ではどんな果樹が育てられる？

気候が合うかを確かめておく

育ててみたい果樹がいろいろあっても、自分の住んでいるところで育つのだろうか？と疑問に思う方も多いと思う。苗を買う前に、育てたい果樹が自分の地域の気候に合っているかを左の表で確認してみよう。

カンキツやビワなどの常緑果樹は、寒さに弱い。レモンやビワなど冬に花が咲く果樹はとくに寒さに弱い。ただし、カンキツの中でもユズは寒さに比較的強く、東北地方の岩手県でも露地で栽培されている。

近年の温暖化でカンキツが育てられる地域も広がっているので、自分の地域の過去5年くらいの年平均気温を調べてみるとよさそうだ。

日当たりや水はけにも相性がある

基本的に、どの果樹も日当たりのいい場所に植えたほうがよく育つ。ただ、表1のように、カキ、イチジク、キウイ、フサスグリ、アケビなどは、比較的日当たりが悪くても育つので、家の北側、西側にはこれらを植えるのもいい。

熱帯果樹には2パターンある

熱帯果樹は、沖縄のような暖かい地域や暖房の入ったハウスでないと育たないというイメージもある。じつは、熱帯果樹には、冬の夜温が15℃以上必要な「熱帯」出身のもの（バナナなど）と、霜に当たらなければ育つ「亜熱帯」出身のもの（ア

表1　果樹の特性と日当たり・水はけ・乾燥の程度

耐陰性	日陰に非常に弱い	リンゴ、クリ
	日陰に弱い	モモ、ナシ、スモモ、ウメ
	日陰にやや弱い	ブドウ、ミカン
	日陰にやや強い	カキ、イチジク、フサスグリ、キウイ、アケビ
耐湿性	強い（やや水はけが悪くてもいい）	カキ、ナシ、ブドウ、ザクロ、ブルーベリー、マルメロ
	弱い（水はけのよい場所を好む）	イチジク、モモ、ウメ、サクランボ、スモモ、アンズ、キウイ、クリ
耐乾性	強い	モモ、スモモ、アンズ、ブドウ、ウメ、クリ、オリーブ、グミ、クルミ、カンキツ
	弱い（夏の乾燥に弱い）	リンゴ、ナシ、カキ、マルメロ、ブルーベリー、キウイ、カリン、キイチゴ

表2　おもな果樹の冬季の耐凍性の強弱と凍害限界温度

強弱	種類	凍害限界温度（℃）
最強	スグリ、フサスグリ、キイチゴ、ブルーベリー	−35
強	リンゴ、西洋ナシ、アンズ	−25 〜−30
やや強	日本ナシ、オウトウ、スモモ、ウメ、クルミ	−20 〜−25
中	モモ、米国系ブドウ、クリ、マルメロ	−20
やや弱	欧州系ブドウ、カキ、イチジク	−15 〜−20
弱	温州ミカン	−6
最弱	レモン、ポンカン、グレープフルーツ、夏ミカン、オレンジ類、ビワ	−2 〜−4

表3　果樹の育つ温度条件

果樹	年平均気温(℃)
カンキツ	15以上
リンゴ	6 〜 14
ブドウ	7以上
ナシ	7以上（西洋ナシは7〜 15）
モモ	9以上
オウトウ	7 〜 14
ビワ	15以上
カキ	甘ガキは13以上　渋ガキは10以上
クリ	7以上
ウメ	7以上
スモモ	7以上
パイナップル	20以上

（表1 〜 3は『庭先でつくる果樹33種』より引用）

ボカド、マンゴーなど）がある。亜熱帯出身の果樹であれば、観葉植物が育つような場所なら育てることが可能だ。ただし霜にはめっぽう弱いので、鉢植えにして、真冬は日の入る室内に取り込むなどのケアは必要だ。

（参考：赤井昭雄著『庭先でつくる果樹33種』農文協刊他）

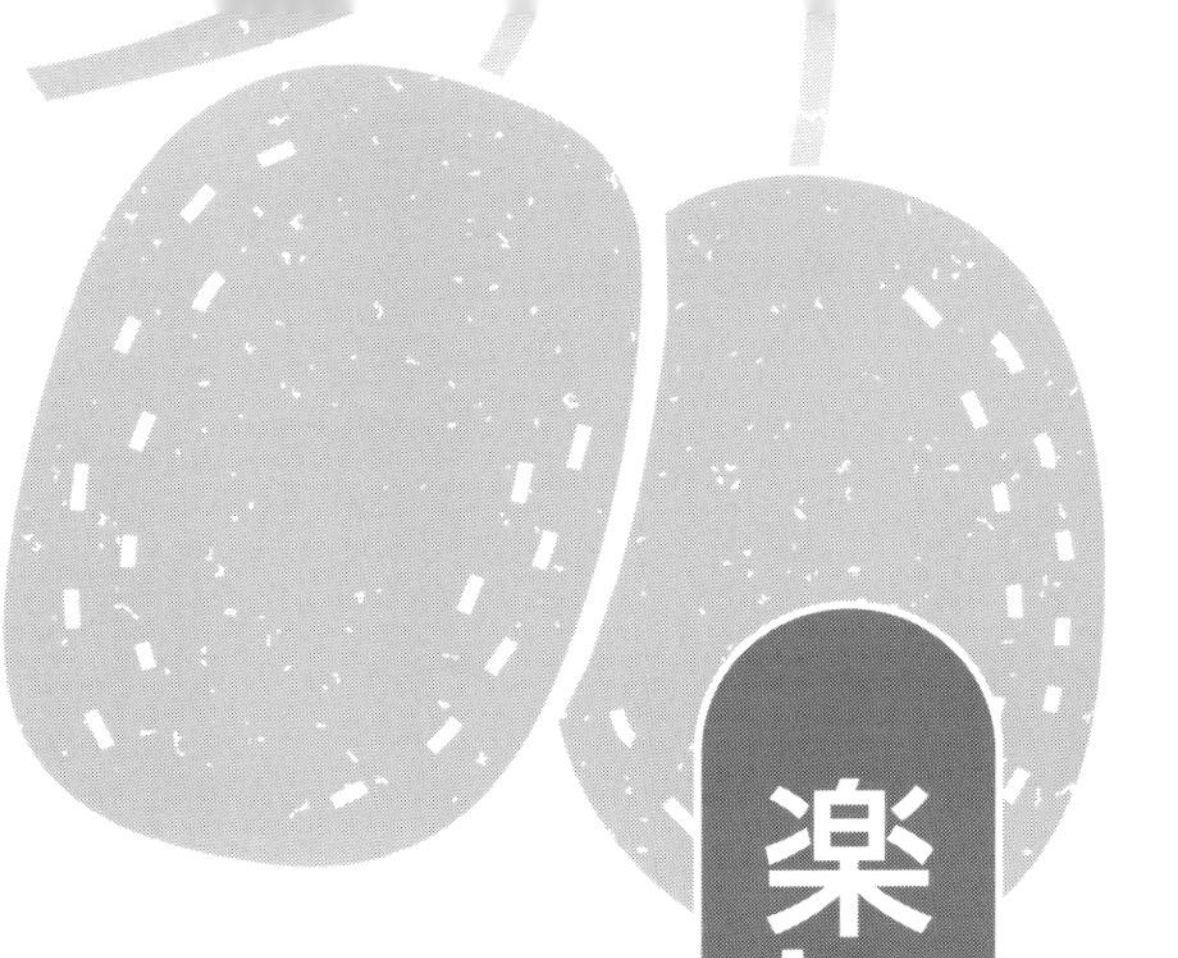

楽しみ果樹のおすすめ品種

苗木屋おすすめ

庭先を楽しみ尽くす果樹10品種

三重県桑名市●高井 尽

楽しみ果樹におすすめの品種を、家庭向け苗木の専門店「苗木部」の高井 尽さんに教えていただいた。（編）

元バックパッカー、苗木専門店を開く

私は22歳から2年間海外放浪のバックパッカーをしていました。その後インドネシアとケニアで働いてから、27歳で園芸店の店員になりました。

ある日、サクランボの受粉相性をまとめた表をインターネットに掲載したところ、遠方の方から「苗木を売ってほしい」と電話をいただきました。「現物を見ずによく買うなあ」と思いつつ発送すると、今度は「すぐにこんな立派な苗木が届いた、ありがとう」とお礼の電話をいただきました。これに感動し、31歳で独立して苗木の専門店を開業。16年以上、全国のお客さんに果樹や庭木、バラやハーブの苗を届けています。

全国各地の「部員」を訪問

ネット販売にあたって立ち上げたのが「苗木部By花ひろばオンライン」です。苗木部は○○物産営業部とか、総務部とかの「部署」ではなく、苗木を育てる「部活動」のような店です。私は「顧問」で代表取締役「部長」です。

それぞれの「部員」（お客さん）の住所から、だいたいの栽培環境を調べたり、苗木の購入時期や肥料の購入履歴から今の生長具合を想像したりして部員からの相談にのっています。

最近はコロナの影響でできませんが、北海道から沖縄まで、部員に呼ばれて家庭訪問もしています。北国の寒さを体感しようと真冬に北海道の旭川や北広島の部員を訪ねたこともあります。

私自身、農業の学校を出ているわけではありませんが、全国の部員からの注文や相談を受けることで、それぞれの地域の気候や風土に合わせた果樹栽培の楽しさを学びました。

それでは、各地の部員から寄せられた楽しみ果樹の品種相談をQ&Aで紹介します。

Q イチジクを植えたい。定番の桝井ドーフィン以外のおすすめの品種は？

A 高糖度の「ヌアールドカロン」「ビオレソリエス」「ロードス」が人気

評判の品種はフランスの「ヌアールドカロン」です。商標登録されているので、巷では「ヌアールK」「ヌアールドK」「スイートカロン」「フランソワ」などの名前で流通しています。

果皮は黒紫色。糖度30度でケーキのように甘い！ 1度食べたら忘れられないグルメのための高級イチジクです。収穫したらご近所さんに自慢できますよ。

イチジクの実には、前年に伸びた枝先の芽が越冬して夏に実る「夏果」、当年の春に伸びた枝の節になる「秋果」があります。片方の時期だけ実る品種もあれば両方実るものもあります。

ヌアールKは夏果専用種で8月中旬が収穫時期。樹勢が強く、他品種より結果年数が1～2年遅く3～6年かかることが欠点。5年以上経っても実がつかないと苦情をいただくことがあります……。

昨年からヌアールKと人気を二分するようになったのが、やはりフランスの「ビオレソリエス」です。甘さと香りが抜群によく、市場にほとんど出回らないため「黒いダイヤモンド」「幻の黒イチジク」とも呼ばれています。ヌアールKの実と見た目がよく似ていますが、一回り大きいです。

ヌアールドカロン

ビオレソリエス

おすすめ品種

秋果専用種で、収穫は8月下旬〜11月中旬。強健でよく茂り育てやすいのですが、樹勢が落ち着かないと花が咲かないので、チッソ分の多い肥料は控えめに。3〜4年で収穫できます。

最も甘いイチジクはギリシャ生まれの「ロードス」です。果皮は淡褐色で果肉は鮮やかな赤色。平均糖度は30度で極甘。ねっとりと濃厚な味わいで、ジャム状の果肉はデザートソースといわれるほど。さらに皮まで甘くておいしい優れもの。8〜10月収穫の秋果専用種です。

上記3品種はとても人気なので迷っているうちに売り切れます。すぐ買いましょう。

Q 素人には難しそうなモモ、ナシ、リンゴのおすすめ品種はありますか？

A 1本でも実がなるモモの「蟠桃《ばんとう》」、ナシの「なるみ」、リンゴの「アルプス乙女」

蟠桃

意外かもしれませんが、ナシもモモもリンゴも、放ったらかしでも一応収穫できます。果実が小さかったり、数がとれなかったりして、スーパーで見るようなものにはなかなかなりませんが、おいしい果実に育ちます。

「無農薬でつくると、リンゴでは80%以上、モモでは100%、スーパーの果物売り場に並ばなくなる」と果樹の教科書で習いました。裏を返せば、きれいな果実、大きな果実にこだわらなければ家庭で無農薬でも収穫できるということ。多少農薬を使ってもよければもっとよいものができるでしょう。

モモ、ナシ、リンゴは基本的に受粉のために2品種要るのですが（自家不和合性）、1本でも結果する品種を紹介します。

アンパン型でとろける食感のモモ

モモでつくりやすい品種は「蟠桃」。形からアンパンモモともいわれるブサイク系のモモです。「西遊記」で孫悟空が食べた、不老不死になると言い伝えられる伝説のモモ。孫悟空は猪八戒と一緒に桃園の蟠桃を勝手に食べて焼き殺されそうになりました。よい子は自分でつくりましょう。

果肉は黄色でとろけるような食感。緻密で酸味が強いですが、濃厚でジューシーな味わい。香りも良好です。中心部のタネはとても小さく、可食部の割合が大きいです。

店で売れ残った苗を2年生以上に育てていたら、ポット苗でも実をつけてしまうほどの簡単品種です。

アルプス乙女

なるみ

（農研機構　果樹茶業研究部門提供）

受粉樹要らずの大きなナシ

初心者向けのナシは「なるみ」。600g程度の大果で、果肉は軟らかく、糖度13度程度のおいしいナシです。たとえるならば「豊水」の酸味がないタイプという感じ。9月に収穫を迎える中生品種です。

真っ赤でジューシーなミニリンゴ

リンゴでは、「アルプス乙女」をおすすめします。こちらも1本で実がなります。いわゆる「ミニリンゴ」の中でも一二を争う人気品種です。甘みの中にほどよい酸味があり、果汁も多め。小さいながらもリンゴらしい風味です。食べるだけでなく、真っ赤になった果実は観賞価値も高いです。

Q 暑〜い埼玉でサクランボを育てたい

A どの品種も育つが、梅雨前に収穫できる極早生の「暖地サクランボ」、早生の「香夏錦《こうかにしき》」がおすすめ

埼玉県だったらサクランボはどれも育ちます。店がある三重県桑名市でも実るので、埼玉でも十分に収穫できます。九州などの暖地でもサクランボは育ちますが、果実が雨に当たると裂果や落果しやすいので、梅雨に入る前に収穫できる極早生の「暖地サクランボ」や早生の「香夏錦」をおすすめします。

暖地サクランボは「中国実桜」ともいわれ、欧米由来の一般的なサクランボとは別の種類。4月下旬〜5月上旬

香夏錦

暖地サクランボ

と早く実り、1本でも結実するのでつくりやすい品種です。ただ果実が小さいので、味わいを楽しみたい人には香夏錦をおすすめします。果肉は軟らかく緻密。甘みが多くて酸味が少なく、まろやかな味わいです。

香夏錦は1本で実らないので、同じく4月上旬に咲く「佐藤錦」「さおり」などと受粉させるといい。暖地サクランボは3月中～下旬に咲くので香夏錦の受粉樹にはなりません。

Q グリーンキウイの雌木が枯れて雄木だけになってしまった。雌木を買うなら何がいい？

A 糖度がダントツの「香緑《こうりょく》」がおすすめ

キウイフルーツには、おしべのみの花が咲く雄木と、めしべのみの雌木とがあります。最近では、果肉がグリーンだけでなく、イエローの品種も出回るようになりました。

おそらく質問者の庭に残っている雄木は「トムリ」だと思います。ホームセンターなどで売られている、グリーンキウイの開花時期に合う雄木です。

トムリに合わせる雌木ならやはりグリーンキウイの「ヘイワード」（開花時期は5月下旬）か「香緑」（開花時期は5月中旬～末）。おすすめは香緑です。グリーンキウイでは糖度がダントツの18度。果実は8㎝、幅3～4㎝と細長く、長めの毛がまた独特です。スーパーなどではほとんど見かけることがありません。

イエロー品種がほしい場合は、「東京ゴールド」がおすすめです。東京生まれのキウイで、平均的な黄色系キウイに比べ、糖度が18度と高く、縦に切

香緑

（香川県農業試験場提供）

東京ゴールド

（東京都農林総合研究センター提供）

るとハート型になるのが特徴です。

ただし、イエロー品種は開花時期がトムリよりも早く、受粉できません。開花期が合う雄木も必要になります。雄木としては「孫悟空」がおすすめです。

◇

果樹がもたらしてくれるもの、それは豊かな生活です。季節の移り変わりを告げながら、家族とともに生長し、シンボルツリーとして長く付き合うことができる果樹。自分で植え付けた苗木が大きく育ち、果実をつけた時の喜びは、何ものにも代えがたいものです。大好きな果物から、まずは苗木を1本育ててみませんか？

※70ページからの高井さんの記事もご覧ください。

※この記事で紹介した品種の苗木の注文は「花ひろばオンライン」まで。
https://www.hanahiroba.com/

大昔からの伝統技術
果樹の高接ぎ きほんのき

●赤井昭雄

平安以前より確立された技術

ソメイヨシノは江戸の染井集落の植木職人が見つけた1本のサクラがその始まりです。しかし、サクラは他家受粉で子孫を残すため、実生で殖やしてもバラバラの形質が現われます。現在、全国各地に植えられているソメイヨシノは、すべて接ぎ木によるものです。その技術が確立されたのは、平安時代以前に遡ります。

植物は、樹皮、維管束（篩部、形成層、木部）、髄から成り立っています。接ぎ木は小刀で台木の樹皮を剥ぎ、形成層が露出するよう傷をつけ、くさび形の接ぎ穂を形成層に合わせて固定する操作です。

植物は傷を感知すると傷口を癒やす組織（カルス）を生成し、それに伴って切断した水分や養分の通路である維管束形成層組織を発達させます。これが修復・開通すると、台木と穂木は一体となり、接ぎ木が活着したことになります。

樹液流動が始まる4〜5月が適期

「接ぎ木名人は鎌でもつく」といわれるように、刃物を上手に研ぐこと、接着面を真っ平らに切ることがなにより大切です。形成層に沿って小刀をまっすぐに下ろすよりも、刃を少し前にずらすように切ると、きれいな切り面が得られます。

通常は3月の休眠期に接ぎ木をしますが、じつは4〜5月にかけて樹液が

茎の構造

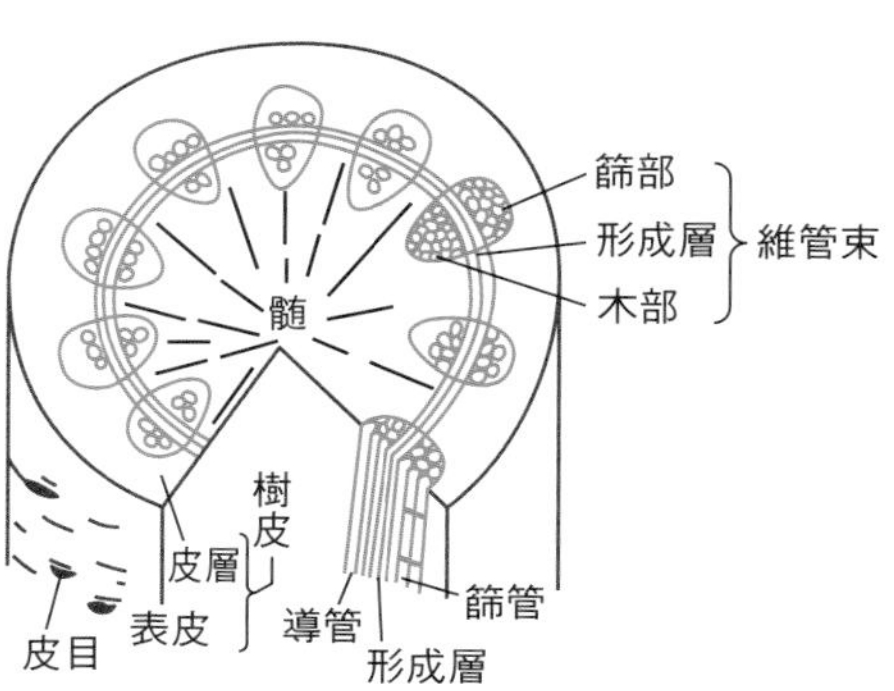

切り接ぎ

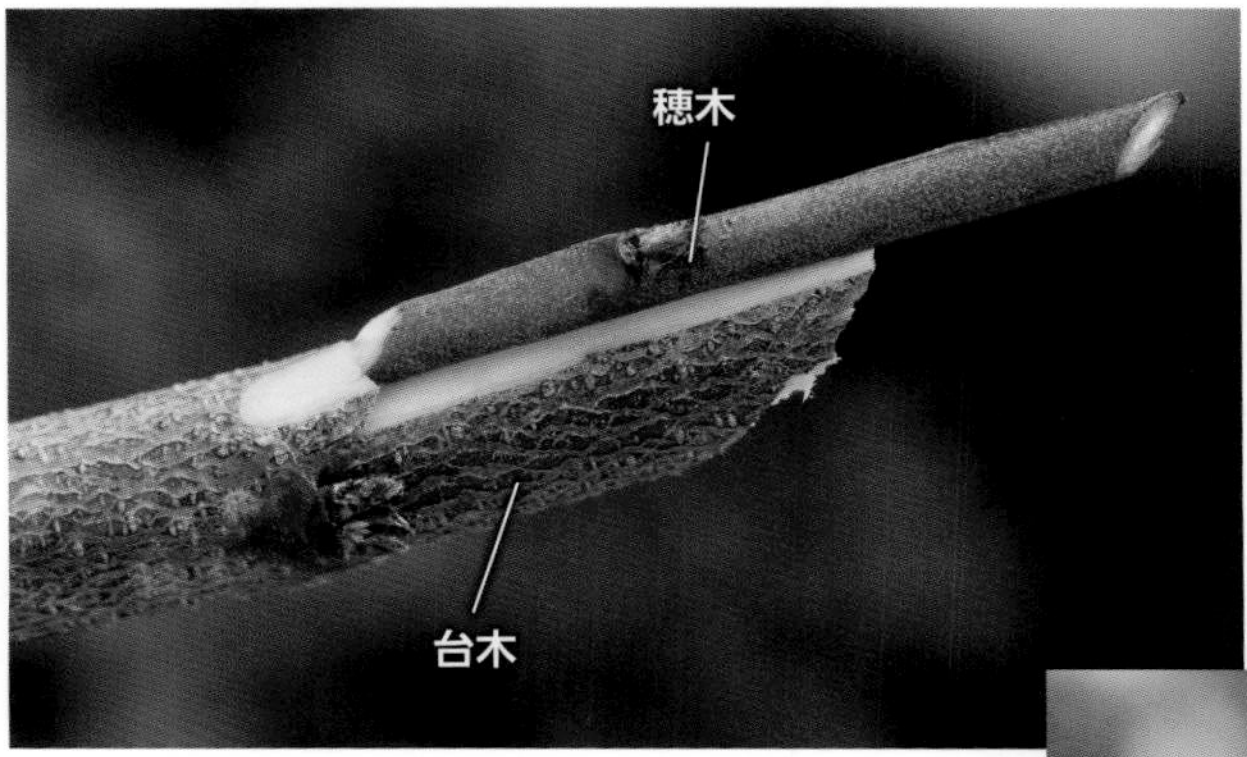

モモの切り接ぎ。形成層を合わせて、台木の切り口に差し込む（依田賢吾撮影、以下Y）

形成層の合わせ方

少なくとも片側の形成層を合わせることで、活着する

パラフィン系テープ（ニューメデール）で全体を覆ったあと、接ぎ木テープで固定（Y）

どこまで伸びる？パラフィン系テープ

パラフィン系テープをこの長さから伸ばしてみる（Y）

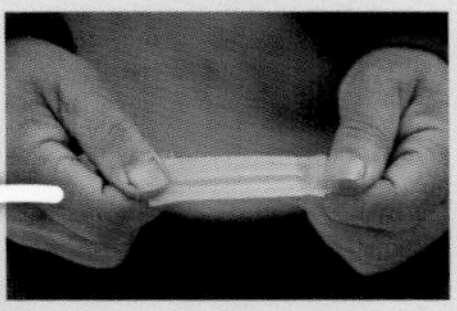

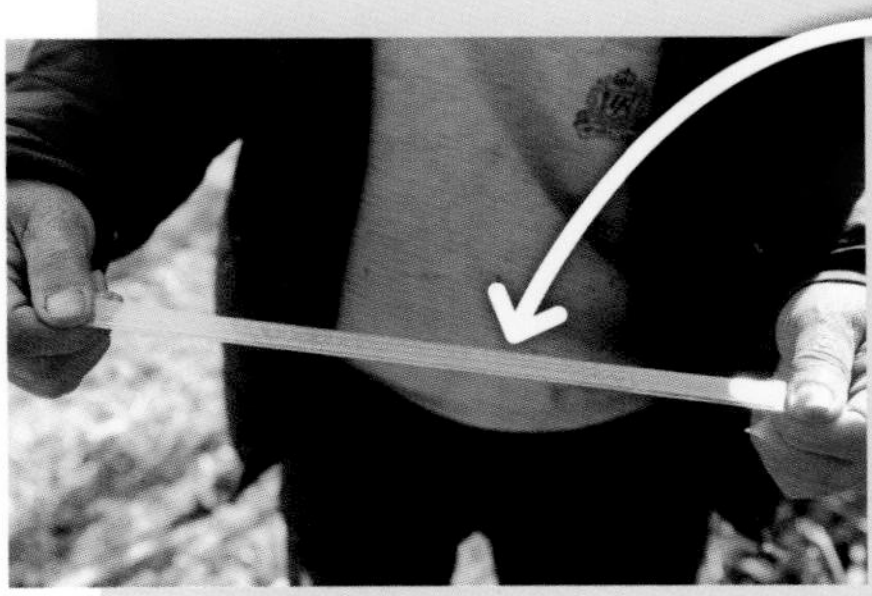

ビヨーンと伸びて、この直後に切れた（接ぎ木テープの場合は最初の長さの2倍も伸びなかった。ただし、テープの強度は高い）（Y）

どのくらい伸びるかを見てみた（Y）

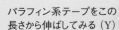

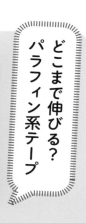

流動し、芽が膨らむ頃のほうが樹皮が軟らかくて剥ぎやすく、黄緑色の形成層も容易に見分けられます。萌芽直前の穂木を接ぎ穂にすれば活着率も向上します。自家用の楽しみ果樹なら、作業量も多くはないでしょうから、萌芽直前の樹液流動期に接ぎ木するのがおすすめです。

以下、立木の途中に品種更新用の穂木を接ぐ「高接ぎ」の際に用いられる接ぎ木法を見てみましょう。

【切り接ぎ】接ぎ木のきほん

「切り接ぎ」はほとんどの樹種で行なわれる接ぎ木のきほんです。台木を切り、切り口に沿って切り込みをつくって、穂木を差し込んで固定します。

接ぎ木部と穂の切り口に癒合剤を塗布して隙間を埋め、接ぎ木テープで接合部をしっかり巻いて固定します。穂木はパラフィン系のテープ（「ニューメデール」「パラフィルム」など）でぐるぐる巻いてすっぽり覆い、乾燥を防ぎます。活着・発芽すると、自分で勝手にテープを突き破って展葉し始めます。

【腹接ぎ】カンキツの一挙更新に

常緑果樹のカンキツ類の更新は切り接ぎも適していますが、1樹全体を一挙更新するためには「腹接ぎ」が効果的です。1本の枝に何カ所も接ぎ木できるからです。

まず、主枝、亜主枝、太い側枝などが丸坊主の丸太状となるように切っていきます。切り口が3～5cmより小さい枝はすべて切除し、台木となる枝の背（上）の部分に、20cmほどの間隔をあけて接ぎ口を切り込んでいきます。

穂木は2芽残した頂芽を上にして切り口を形成層に沿わせて差し込みます（上の写真）。そして、穂木を含めた接ぎ木部全体を接ぎ木テープで隙間なく固定します。台木の丸太ごとテープを巻くため、穂木の芽もふさいでしまいます（下の写真）。

活着して芽が展葉し始めたらテープを切ります。芽が動き出したのを見てあわてて切開すると未活着で枯れてしまうことがあるので、芽がとぐろを巻くまで辛抱してから切開しましょう。なお、芽の周辺のみパラフィン系のテープで覆えば、芽が自分で突き破って展葉するので切開の必要はありません。

一般には、台木の日焼け防止としてホワイトンパウダー（炭酸カルシウム剤）を塗布しますが、そのままでも台木の芽が発芽・展葉して日陰をつくってくれます。ただし、台木からの枝葉

腹接ぎ

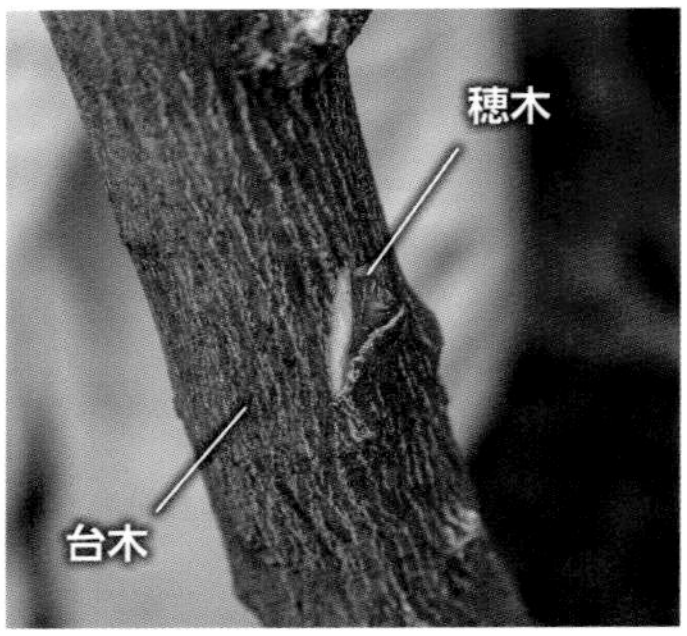

ミカンの腹接ぎ。枝の途中に切り込みを入れ、穂木を差し込む（赤松富仁撮影、以下A）

穂木を台木の丸太ごと接ぎ木テープで隙間なく巻いて固定。発芽が始まり芽がとぐろを巻くのを待ってからテープを切る

剥ぎ接ぎ

カンキツの剥ぎ接ぎ。台木に形成層まで届く切り込みを入れる（A）

樹皮を剥ぐとペロンとめくれ、形成層が剥き出しになる（A）

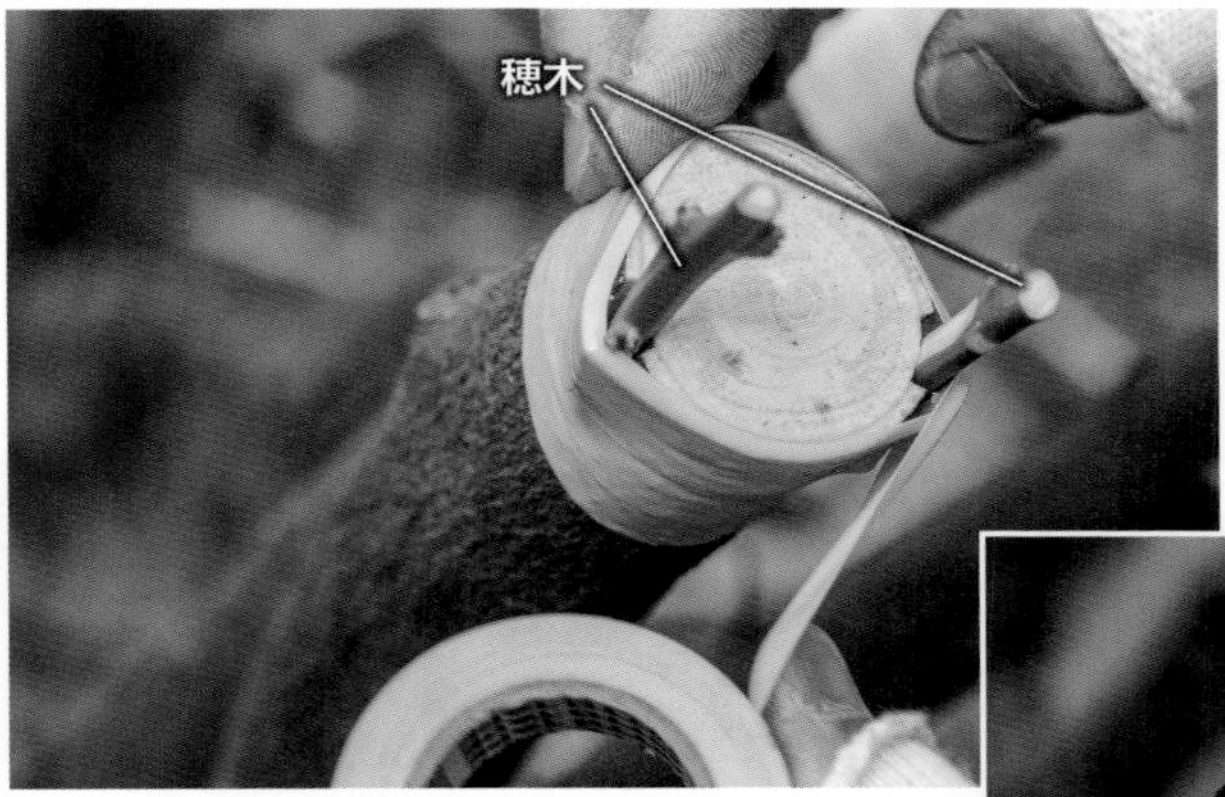

穂木を差し込んだら、テープで固定。乾燥防止のため接ぎ木部と穂木の切り口に癒合剤を塗って、穂木にパラフィン系テープを巻く（A）

を残したままにしていると、せっかく活着した穂木の勢いが弱まって負け枝になるので、穂木の生育伸張を確認後、台木の枝は間引きます。

カンキツ、ナシ、キウイ、リンゴなどは形成層が見つかりやすく、腹接ぎも容易です。棚栽培のナシでは、せん定時に使える枝が見当たらず、空間が埋まらないと悩むことがありますが、枝のない場所にはせん定で落とした枝を腹接ぎすればよいと考えれば、気がラクです。

実際、台湾の平地は高温のため自発休眠不足によってナシの花芽が着生しにくい気候風土です。そこで、高地の園から花芽の着いたせん定枝を取り寄せたり、日本や韓国からも輸入したりして腹接ぎし、果実生産をしています。それほど、ナシの接ぎ木の成功率は高いといえるでしょう。

【剥ぎ接ぎ】
枝が硬いカキやクリに

カキやクリは接ぎ木が難しい樹種といわれます。手早くすませないとタンニンが穂木・台木の切り口にまわって膜ができ、活着を阻害するからです。

また、樹皮や木質部が比較的厚く硬いため、切り接ぎよりも、樹皮を剥いて穂木を差し込む「剥ぎ接ぎ」が適しています。樹液流動が活発になって皮を剥きやすくなる4～5月が適期です。

やり方は、台木の樹皮に長さ3cmほどの切り込みを1・5cm幅で2本入れ、形成層に沿って樹皮を剥ぎます（31ページの写真）。断面すべてが形成層であるため、穂木が素早く挿入できます。あとは切り接ぎの手順と同様で、接ぎ木部と穂の切り口に癒合剤を塗布し、接ぎ木テープで接ぎ木部全体を隙間なく巻いて固定します。

【芽接ぎ】T字形の切り込みに挿入

「芽接ぎ」は他の接ぎ木法と異なり、9月が適期です。樹液流動がとくに活発な季節で、下図のように樹皮に切り込みを入れて開きやすいためです。接ぎ穂は、春に伸張して充実した当年枝から中間部の芽を選んで切り取ります。台木の平らな部分にT字形の切り込みを入れて樹皮を開き、接ぎ穂を挿入し、接ぎ木テープを巻きます。接ぎ穂の切片はすべて台木の形成層に接するので活着しやすく、幅広い樹種で使えます。

【緑枝接ぎ、割り接ぎ】ブドウ、リンゴのわい性台に

新梢伸張期の6月に伸びた緑枝を台木や穂木に使うのが「緑枝接ぎ」です。穂木と台木の太さは同程度なので「割り接ぎ」します（33ページの写真）。

ブドウの形成層は極めて薄いため休眠期に台木と穂木の形成層を合わせるのは難しく、緑枝接ぎがおすすめです。穂木は緑枝でなく、休眠枝でも構いません。

また、リンゴのわい性台にも緑枝の割り接ぎが有効です。わい性台は挿し木しても発根しにくいため、ひこばえに接ぎ木します。春先に1年生の休眠ひこばえに切り接ぎしてもよいですが、6月終わり～7月20日頃までの緑枝のひこばえを使えば1年早く接木苗を得ることができます。

台木となる緑枝に、新梢の接ぎ穂を割り接ぎして、パラフィン系のテープで芽全体を包み込んで固定します。活着して芽が伸張すると、秋には充実した枝になります。翌春の休眠期にひこばえを根つきで切り離すと、定植用の

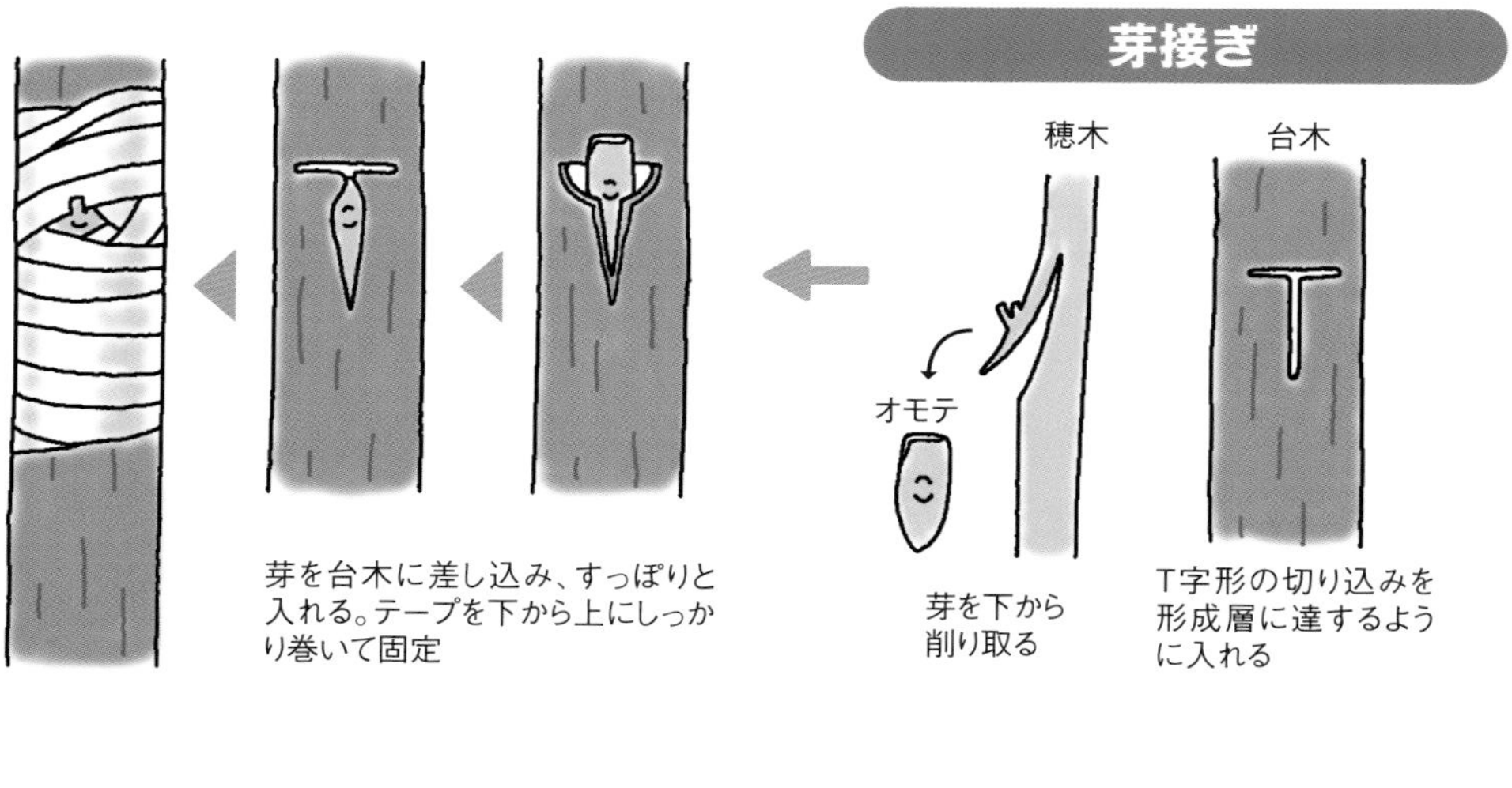

芽を下から
削り取る

に入れる
芽を台木に差し込み、すっぽりと
入れる。テープを下から上にしっか
り巻いて固定

苗木が得られます。

緑枝接ぎに失敗したとしても、翌春まで待って1年生休眠枝のひこばえで再チャレンジすればよいのです。

【根接ぎ】弱樹勢の回復に

「根接ぎ」は根が弱って樹勢低下した果樹の回復に使います。カンキツ類によく用いられますが、樹種は問いません。改植などで掘り出した根から、人差し指程度の太さの若くて活力のある根を切り出し、接ぎ穂（根）とします（使用時は根の上下を間違わないよう注意。解体車から部品を取るようなものですね）。樹勢の強い品種の幼苗を接ぎ穂（根つき）に用いることも可能です。

まず、接ぎ穂の先端をくさび形にします。次に、弱った樹の根部や幹の下部に「根接ぎ刃」（34ページの写真）で切り込みをつくり、接ぎ穂を差し込みます。樹皮の上から小さな亜鉛釘を打ち付けて固定。幹の場合は癒合剤や木工ボンドで隙間をふさぎ、地際の場合は接ぎ木部に土をかぶせて活着を促します。

根接ぎは下から上に切り込みをつくるため、通常とは反対の動作となります。小刀に力が入りにくく危険な体勢になることから、専用の「根接ぎ刃」（両手用、片手用）があり、これを使うと容易に切り込みができます。「片

緑枝接ぎ、割り接ぎ

ブドウの緑枝接ぎ。台木は指で挟んで簡単に曲がる部分の最も基部に近い節間で切り、花穂や芽をかいておく（A）

台木の緑枝の切り口に切れ目を入れて、穂木（写真は休眠枝）を差し込み（割り接ぎ）、接ぎ木テープでしっかり固定（A）

手根接ぎ刃」はカンキツ用せん定ノコギリのメーカーとして知られる、小川梅吉製鋸所（静岡市清水区）で販売しています。

カンキツの「不知火」は結実すると果実に養分を必死に送り込む特質があります。糖度の高い果実が得られる半面、樹勢が落ちて収量や品質の低下（特徴的な凸部がない果実）が問題となっています。その樹勢回復に、強勢台木のシークワーサーによる根接ぎが有効です。

根接ぎ

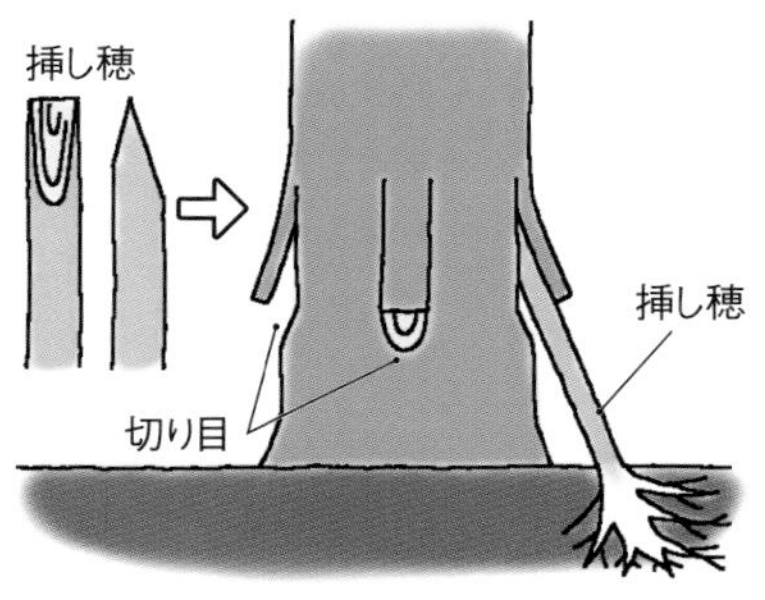

根が原因で樹が衰弱した場合は、図のように幹の基部や地際に出ている根部に接ぎ木し、樹勢回復を図る

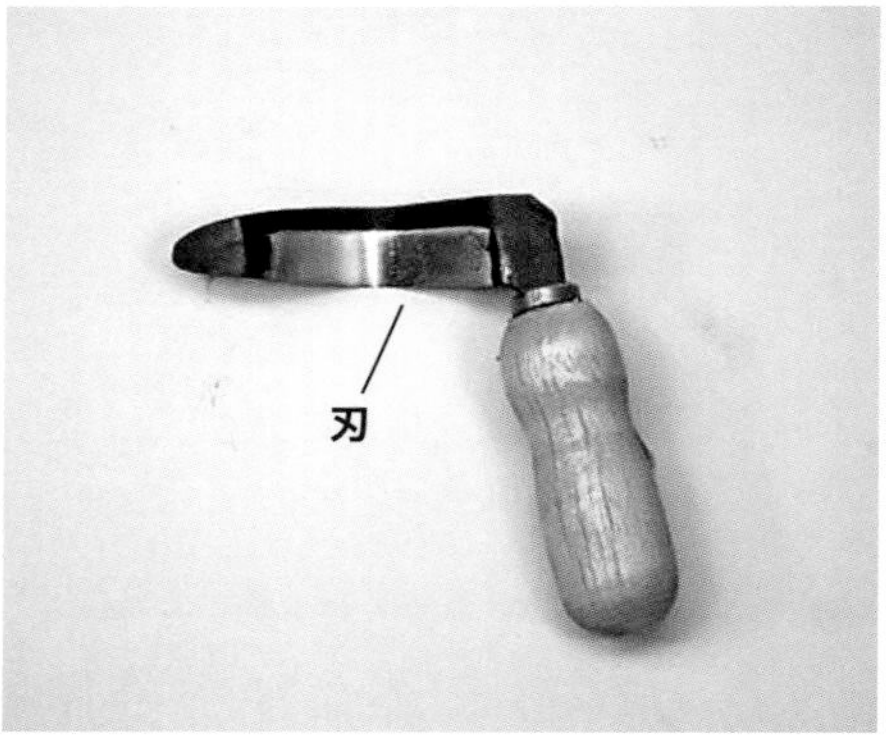

片手根接ぎ刃。下から上に切り込みを入れやすい（写真提供：小川梅吉製鋸所）

接ぎ木の留意点4つ

最後に、実際に接ぎ木をする際に留意したい点を４つ挙げておきます。

・受粉樹の高接ぎ

棚で栽培する他家受粉のナシ、および雌雄異株のキウイフルーツなどは、1樹に数本の受粉用花粉品種を接ぐのがおすすめです。ミツバチなど訪花昆虫が受粉してくれるので人工受粉の手間が省けます。ミツバチは6～8mの範囲で虫媒受粉するので、接ぎ木の間隔は10～15mが目安です。

ただし、受粉用の枝は果実をつけないため、樹勢が強くなりがちです。勝ち枝になって樹形を乱す原因にもなります。果実の結実を確認後、受粉用の枝の新葉が展開し出した頃には、枝を適宜取り除いていきます。

・ウイルス伝播

１９７０年頃、ミカンやリンゴが生産過剰で価格暴落した時、高接ぎによる品種更新の機運が高まりました。同時に「リンゴ高接ぎ病」や「ハッサク萎縮病」などのウイルス病も広がりました。

たとえば、トリステザウイルス（ハッサク萎縮病、ステムピッティング病）はハッサクやブンタン、ネーブルオレンジなどの中晩柑で発症する病気ですが、温州ミカンは保毒しても発病しません。したがって、温州ミカンを中間台にした品種から穂木を採種すると、すべての高接ぎ樹にウイルスが伝搬することになります。

わい性の樹は人気ですが、低木のカンキツから穂木をとる時は注意が必要です。台木の性質でなく、ウイルスの影響かもしれません。枝や幹の木質部に生じる筋状の窪み（ステムピッティング）が樹勢衰弱を引き起こすので、新梢の皮を剥いで枝の窪みを調べるなど、生育状況や樹の由来に十分留意して採穂すべきです。

その点、現在流通している果樹苗の多くはウイルスフリーの検定を経ているので安心できます。

・改定種苗法の施行

改定種苗法が２０２２年4月1日に施行されます。登録品種の自家増殖は育成権者の許諾を求められることがあるので、穂木をとる場合は品種登録の確認をしなければなりません。自家用の楽しみ果樹栽培（果実販売しない）の場合は、登録品種でも自家増殖可能です。ただし、穂木の譲渡は従来通り禁止されています。

・穂木の保存と郵送

楽しみ果樹の仲間と登録外品種の穂木を交換するには、休眠枝を送るのが適しています。通常は湿らせた新聞紙で休眠枝を覆ってポリ袋に包み、冷蔵庫の野菜室で保存します。裏ワザとしては、湯せんで溶かしたパラフィン（ロウソク）に休眠枝の全体を瞬間的にくぐらせてコーティングする方法もあります。乾燥を防げるので、ポリ袋に包んでそのまま冷暗所（常温可）に保管できます。

穂木の郵送も「第四種郵便物　植物種子等郵便物」として、通常郵便物より安価に郵送できます（50gまで73円、４００gまで２９０円など）。開封した状態で郵便局に持ち込み、確認してもらって封をします。わが国の採種・接ぎ木文化を守る、世界に誇れる郵便制度です。大いに活用していきましょう。

（元徳島県果樹試験場）

筆者（73歳）。庭の片隅にあるカンキツ樹。小さな樹だが100品種接ぎ木してある（p40、41の図も参照）（写真はすべて依田賢吾撮影）

宮式・多品種接ぎ木のやり方

埼玉県行田市●宮原恒紀

多品種接ぎのメリット

狭い土地でたくさんの品種を楽しめる他にも、多品種接ぎには以下のようなメリットがあります。

一つは、受粉樹も省スペースで育てられること。受粉時以外は必要のないキウイの雄木などを枝の一部に接いでおくことで、スペースが有効に使えます。二つめに、品種特性を早期に確認できること。成木に接ぎ木するので、新しく入手した品種や実生品種も1、2年で着果させられ、味や形を確認できます。三つめに、1本で長期収穫が可能なこと。多品種接ぎの樹を1本植えておけば、手軽に長く収穫を楽しめます。たとえば、カンキツはスダチが8月、極早生ミカンが9月に収穫可能で、毎月別の品種が食べ頃となり、翌年8月のヒョウカンまで一年中味わえます。ブドウは7月末の「ヒムロットシードレス」から始まり、12月初旬の「ウルバナ」まで間断なく収穫可能。スモモやプルーンは6～10月、カキは9月末～月初旬まで楽しめます。

一方、害虫が出て薬剤をかけた時に、同じ樹の中でも薬害の発生する品種があったり、穂木から台木に感染する「高接ぎ病」によって樹全体が枯れたりするリスクもあります。また、品種ごとの枝管理が少々複雑となるのも難点でしょうか。

春でもできる「宮式芽接ぎ」

接ぎ木の方法は、切り接ぎ、割り接ぎ、腹接ぎ、芽接ぎなど各種やっていますが、少し変わった方法も実践しています。私の苗字をとって「宮式芽接

宮式芽接ぎのやり方

モモの枝で実演。一般的なT字芽接ぎと違って皮を剥がない。樹液流動の少ない春でもできる。

穂木の準備

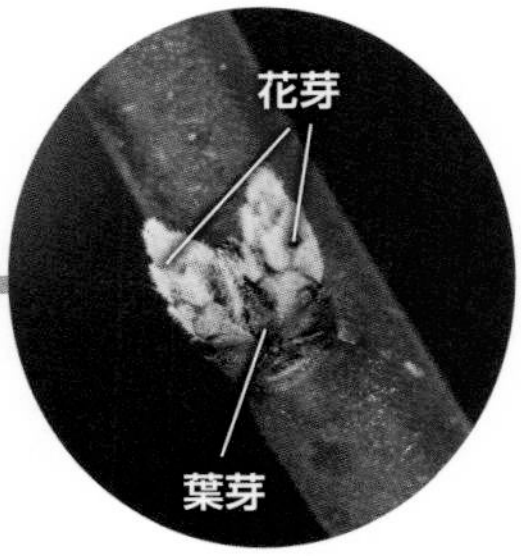

モモは葉芽と花芽が隣り合って着いているので、まず指先で花芽だけを取り除く

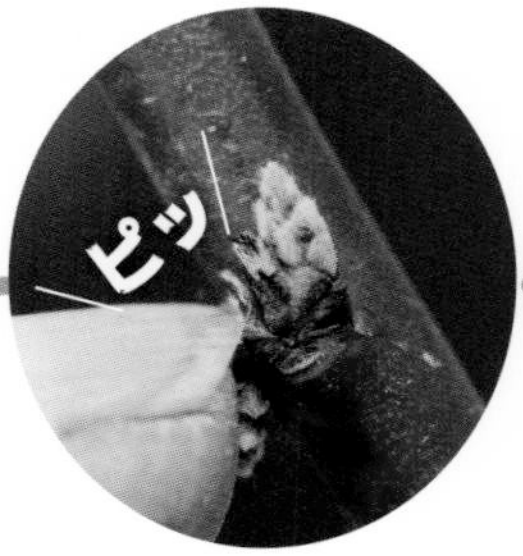

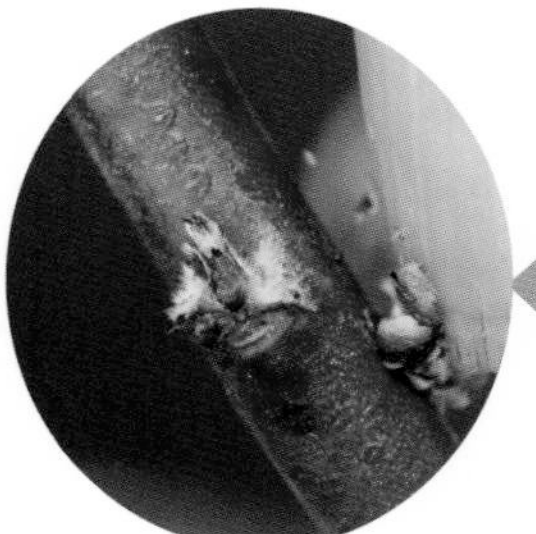

1芽残して小さく切った穂木を半分に割く

両端を削って台形形にする

台木を削って穂木と合わせる

穂木の長さに台木を削り、両端に切り込みを入れる

台木の切り込みに穂木を差し込む。切り接ぎと違い、1本の枝に連続的に接げる

芽の部分だけを残して接ぎ木テープを巻く。念のため、芽の部分のみニューメデールで覆ってもよい

ぎ」と呼んでいます。

　一般的な芽接ぎは、台木の樹皮にT字形の切れ目を入れて剥ぎ、そこに穂木を差し込みます（32ページ）。養水分の流動が活発で皮剥ぎしやすい夏～秋が適期ですが、春でもできる方法を工夫しました。

　37ページのように台形に削った穂木を台木にはめ込み、芽の部分を残して接ぎ木テープを巻くのです。T字芽接ぎと同じように外気への露出が芽だけとなり、完全密封にかなり近づきます。これで穂木の乾燥による失敗を防ぎます。

　近年は、パラフィン系テープの「ニューメデール」が出て、簡単に穂木を完全密封できるようになりましたが、安価な接ぎ木テープのみを使う場合におすすめです。

　芽接ぎは37ページの写真のように、1本の枝に連続的に何カ所も接ぎ木できます。私の場合、購入した棒苗の途中に数品種接いだり、長い枝に実生品種（性質がそれぞれバラバラ）を続けざまにたくさん接いで、それぞれの特性を確認する時などに、この方法を活用しています。

活着しやすい「変形切り接ぎ」

　もう一つ、よく使っているのが「変形切り接ぎ」です。通常の切り接ぎと基本的には同じですが、穂木、台木ともに接着面を木質部がぎりぎり現われる程度しか削りません。そうすることで、39ページのように形成層の露出部が多くなり、形成層どうしの接着が容易になります。穂木と台木の太さに大きな差があっても、形成層を合わせやすい方法です。

　これならヤマモモやフェイジョアなど、接ぎ木が難しいといわれる樹種でも成功率が上がります。これらの樹は葉芽（穂木に使用）が細い枝に着く傾向があり、一方で台木側は太くて勢いの強い枝でないと活着しません。一般的な切り接ぎでは、形成層を合わせるために穂木の位置を台木の切り口の端に寄せる操作が必要ですが、「変形切り接ぎ」の場合は不要。テープで固定する時に枝がずれたりしにくいです。

　また、この方式で削るのは軟らかい皮と形成層だけです。木質部をたくさん削る必要がないので、小さなカッターナイフでも十分できます。

接ぎ木の時期の注意点

　ブドウの場合、台木を切断すると樹液が出続ける５月末までは切り接ぎしてもほとんど成功しない。６月頃の切り接ぎ（29ページ）か、緑枝接ぎがよい（33ページ）。

　キウイは、４月中旬になって葉が数枚開き、台木の枝を切っても樹液が出なくなる頃が最適。

　フェイジョアは４月中旬までのまだ新芽が動いていない時期の接ぎ木はほとんど成功しない。穂木の新芽が動く頃に、動いた新芽を取り除いてから接ぎ木すると容易に活着する。

　カンキツを含む多くの果樹は芽が動き出す３月中旬までに接ぎ穂を採取し、その頃から接ぎ木をするが、ポリ袋などで密封して冷蔵庫で保管すると夏まで接ぎ木ができる。やや乾燥気味のほうが長期保存しやすい。水分過多だと１週間ほどで芽が死ぬことがある。

変形切り接ぎのやり方

カンキツで実演。穂木も台木も木質部ぎりぎりまでしか削らない。

穂木の準備

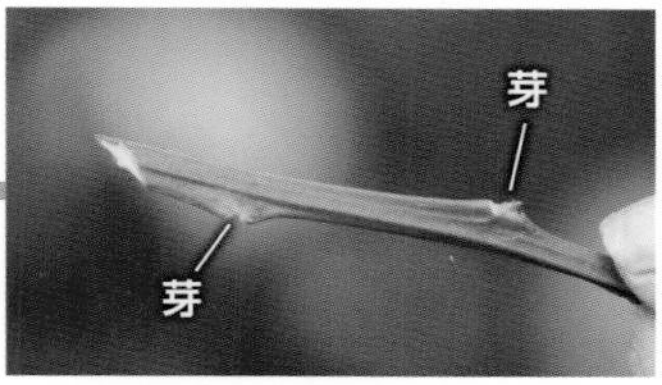

2 ～ 4芽残して穂木を切る。
先端は鋭角にしておく

穂木の芽を残して薄く削る

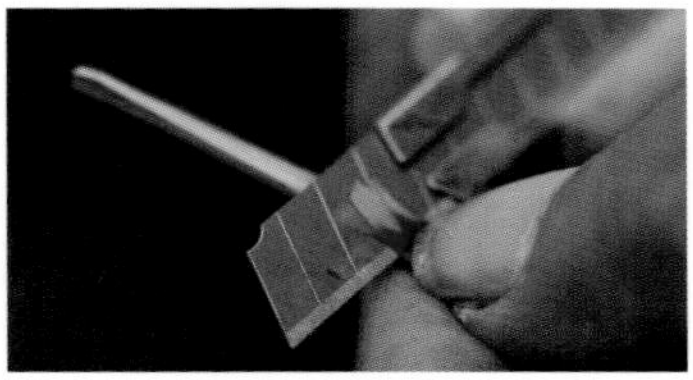

台木に引っ掛けられるように
切り込みを少し入れる

台木のカット面の違い

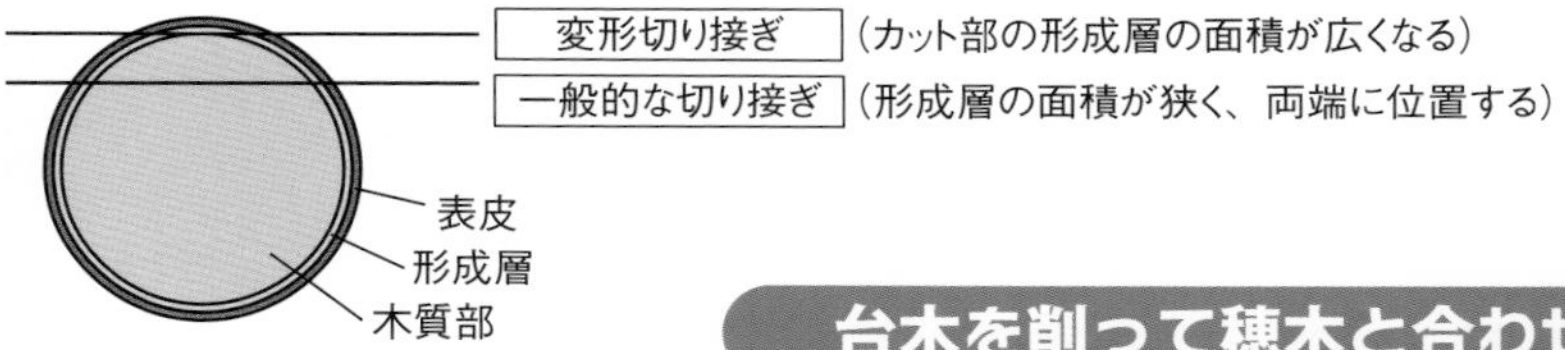

台木を削って穂木と合わせる

台木にする枝を斜めに途中切りして、接着面を薄く削る

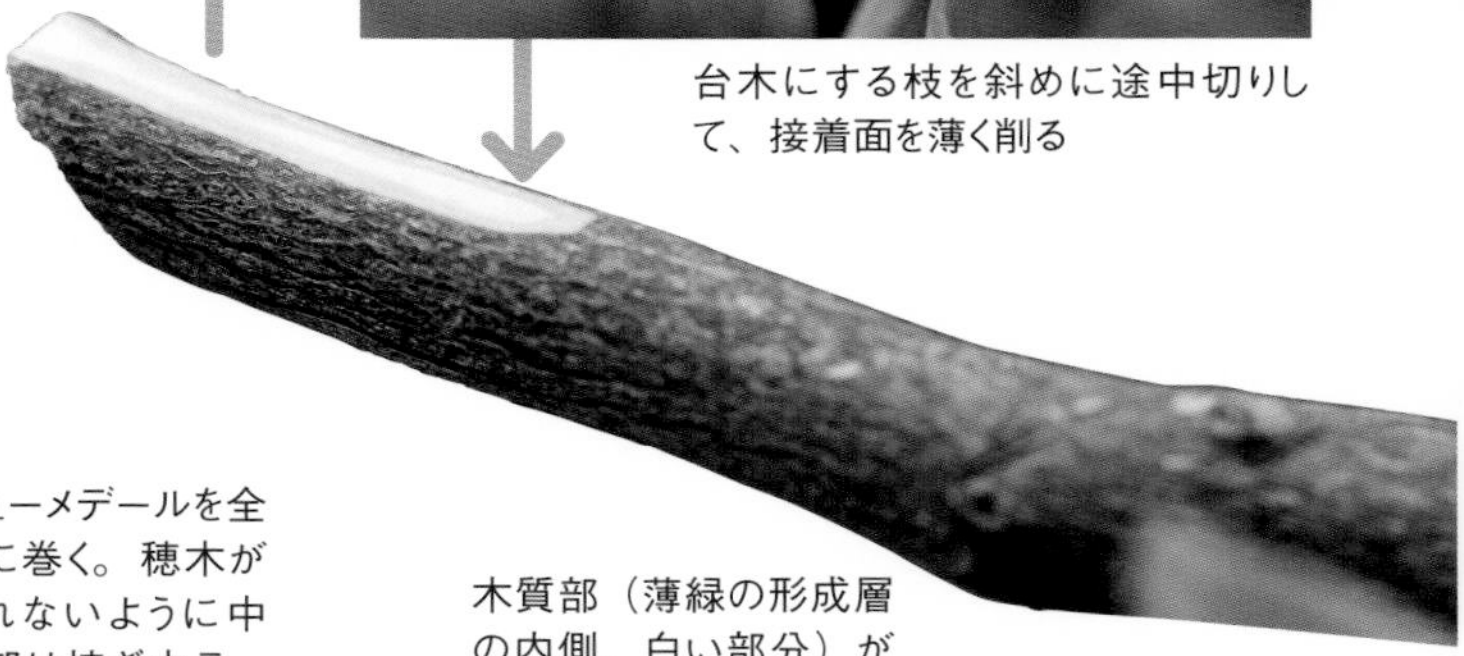

木質部（薄緑の形成層の内側、白い部分）がぎりぎり現われるくらいに薄く切った

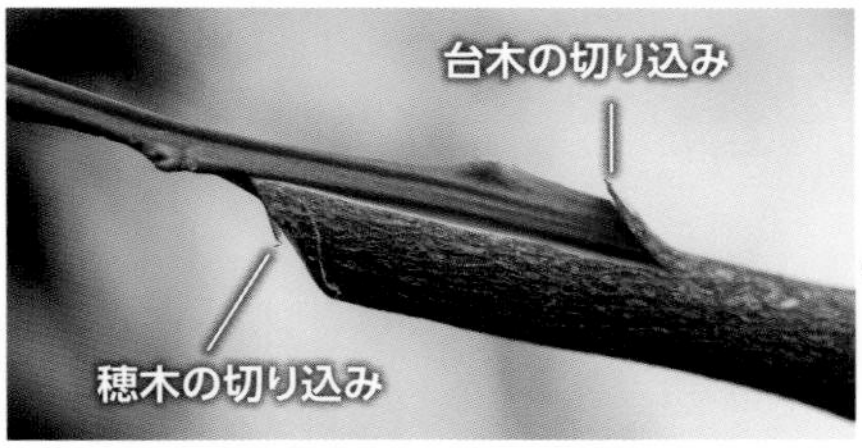

台木にも切り込みを入れて穂木を差し込む。
2カ所の切り込みで固定されている

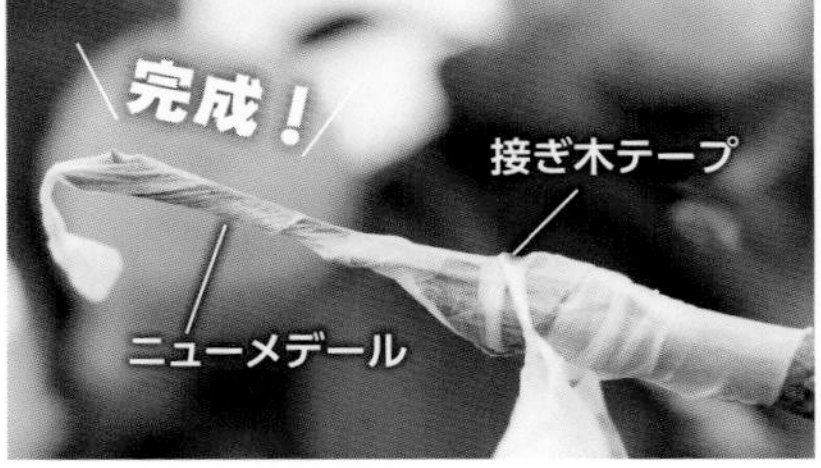

ニューメデールを全体に巻く。穂木がずれないように中央部は接ぎ木テープで縛っておく（麻ヒモでもよい）

100品種接ぎの樹形

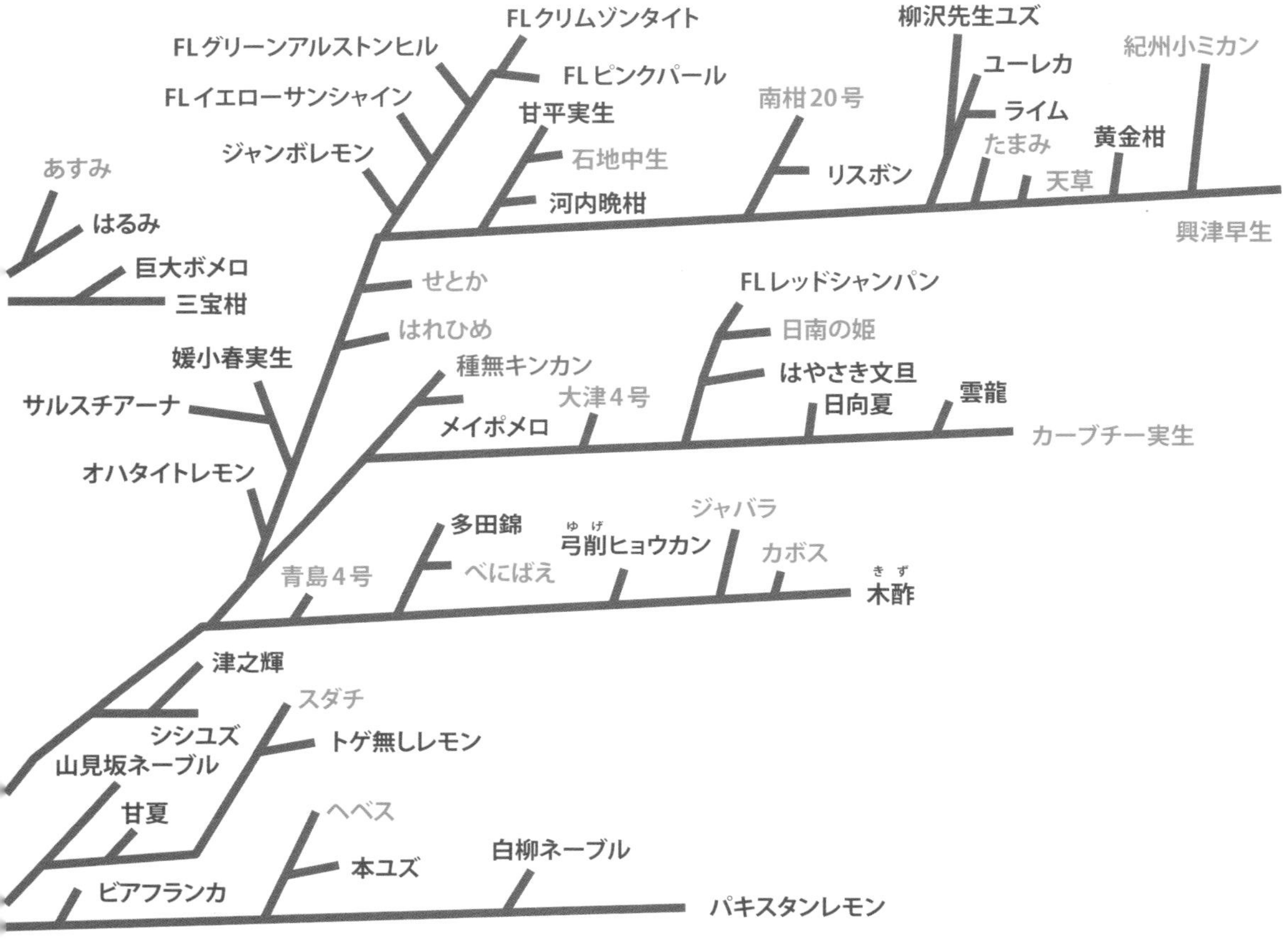

樹勢	おもな分類
極弱	フィンガーライム
弱	キンカン
中	温州ミカン類、香酸カンキツ
強	中晩柑、レモン

樹勢の強い中晩柑やレモンを下に、温州ミカン類を中間に、キンカンやフィンガーライム（FLと表示）を上部に配置し、樹勢バランスを保たせている

＊果実はすべて販売せずに自家消費している。登録品種の穂木の販売・譲渡もしていない。

庭のカンキツ

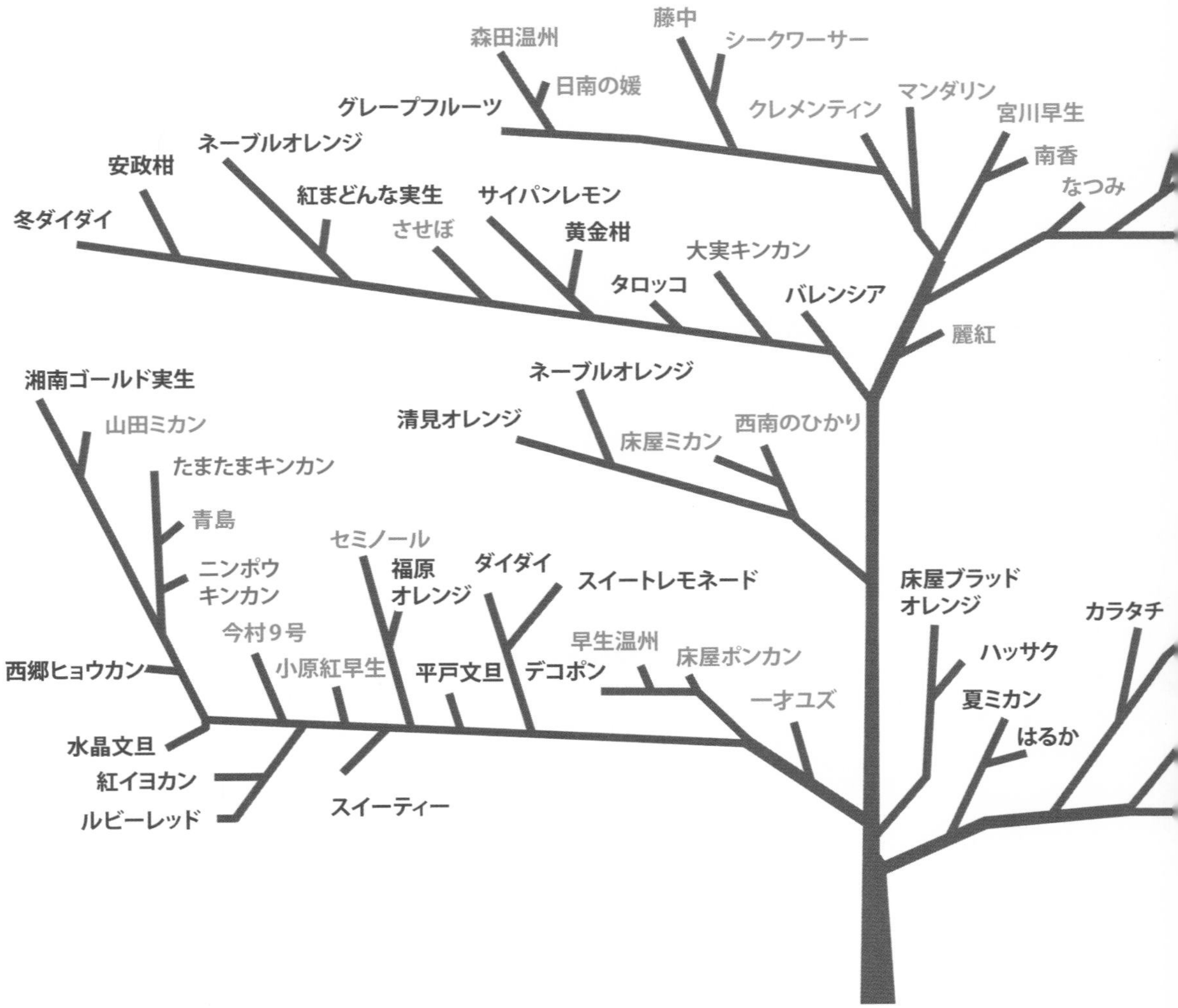

台木はカラタチ＋夏ミカン

接ぎ木後は忘れないようにビニールテープなどを貼り付けて日付と品種名を書いておく

樹勢が強い品種は下、弱いのは上に接ぐ

ほとんどの果樹は先端付近ほど勢力が強い傾向があり、先端の高い位置に接ぎ木するほどよく生長します（頂芽優勢）。カンキツもその例外ではありません。

一方、同じ樹種でも品種ごとに樹勢の強弱があり、勢力の弱い品種を根元付近に接ぎ木すると、樹全体の勢力が弱くなり、多品種接ぎに不向きな状態になります。とくにカンキツは種類が多く、樹勢もまちまちなので注意が必要です。

私が育てているカンキツの樹勢は、強い順に①オレンジやグレープフルーツなどの中晩柑やレモン、②温州ミカンとその派生品種、香酸カンキツ、③キンカン、④フィンガーライム、となります。

多品種接ぎで育てる場合、①を根元に近い位置に接ぎ木し、次に温州ミカン、最後に樹の上部にキンカンやフィンガーライムを接ぐのが望ましい樹形です。実際は必ずしもこの順番にならないこともありますが、たとえばフィンガーライムを台木近くに接いで、その先に温州ミカンを接ぐと、樹が大きくなりません。

異種間接ぎもできる

ある台木に、まったく異なる遠縁の樹種を接ぎ木することはできませんが、近縁種なら異種間でも接ぎ木でき、栽培もおおむね可能です。ただし、予期しない枯れ込みの発生もあるので、趣味の園芸、盆栽の感覚で楽しむのがよいと思います。

▼リンゴ&ナシ

同じバラ科のナシにリンゴ、あるいはリンゴにナシのどちらでも接ぎ木可能です。ただ、リンゴはナシよりも勢力が弱くなるため、リンゴの品種を先端に、ナシの品種は低い位置に配置。つねにナシの勢力を弱める処理が必要です。

▼スモモ&プルーン&モモ

バラ科の核果類での接ぎ木です。スモモだけでも品種間の樹勢に差があるのですが、これにモモやプルーンも組み合わせた場合、より微妙な生育調整が必要になります。

たとえば、スモモがメインの樹にモモやプルーンを接ぎ木すると、接いだ直後の生長はよいのですが、伸びた枝に着いた芽はほとんど花芽になってしまい、葉が出ずに1、2年で枯れてしまうことが多くなります。それを避けるために樹勢の強いスモモの枝を縮小する必要があり、実用的ではありません。モモとプルーンは比較的樹勢が近いので、相性は悪くないと思います。

現在はプルーン主体の樹にモモとスモモを接ぎ、スモモの枝はあまり大きくしないようにしていますが、そこそこ育ってくれています。

＊

以上、まったく興味本位の栽培です。遊び心で読んでいただき、何かのヒントになったらうれしいです。

胴接ぎした樹。シシユズが上方に、10種のカンキツが下方にぶら下がる

胴接ぎで上は観賞用シシユズ、下はおいしいカンキツ10種

神奈川県茅ヶ崎市●石射祥光《よしみつ》

カンキツの接ぎ木に夢中

私の父は神奈川県茅ヶ崎市で酪農を経営していましたが、サラリーマンだった私は週末に手伝う程度でした。父が酪農をやめた後は、牧草地の一部にブドウ、リンゴ、ナシ、イチジク、カキ、ミカンなどの果樹を植え始めました。ネット通販の苗木専門店「グリーンでGO！」で、おもしろい果樹を見つけては取り寄せ、さまざま植えています。

定年後は地元でボランティア活動をするようになり、いろいろな人と知り合う機会が増えました。そんな時、庭

筆者（77歳）

先に植えたキンカンの樹に夏ミカンとユズを接ぎ木して見事に実っているという話を聞きました。実際にその不思議な樹を見に行き「こんなことができるのか」と大変驚き、自分も観賞用で植えていたシシユズの樹に食べられる実をならせてみようと、レモンの枝を2カ所接ぎ木してみることにしました。

それが見事に成功したので、気をよくしてわが家にあったカンキツ類すべてを接ぎ木しました。さらには友人に声をかけ、わが家にないカンキツの穂木をもらったり、珍しいカンキツがなっているのを見つけては事情を話して譲っていただいたりして、穂木の種類を増やしてきました。

胴接ぎの仕方

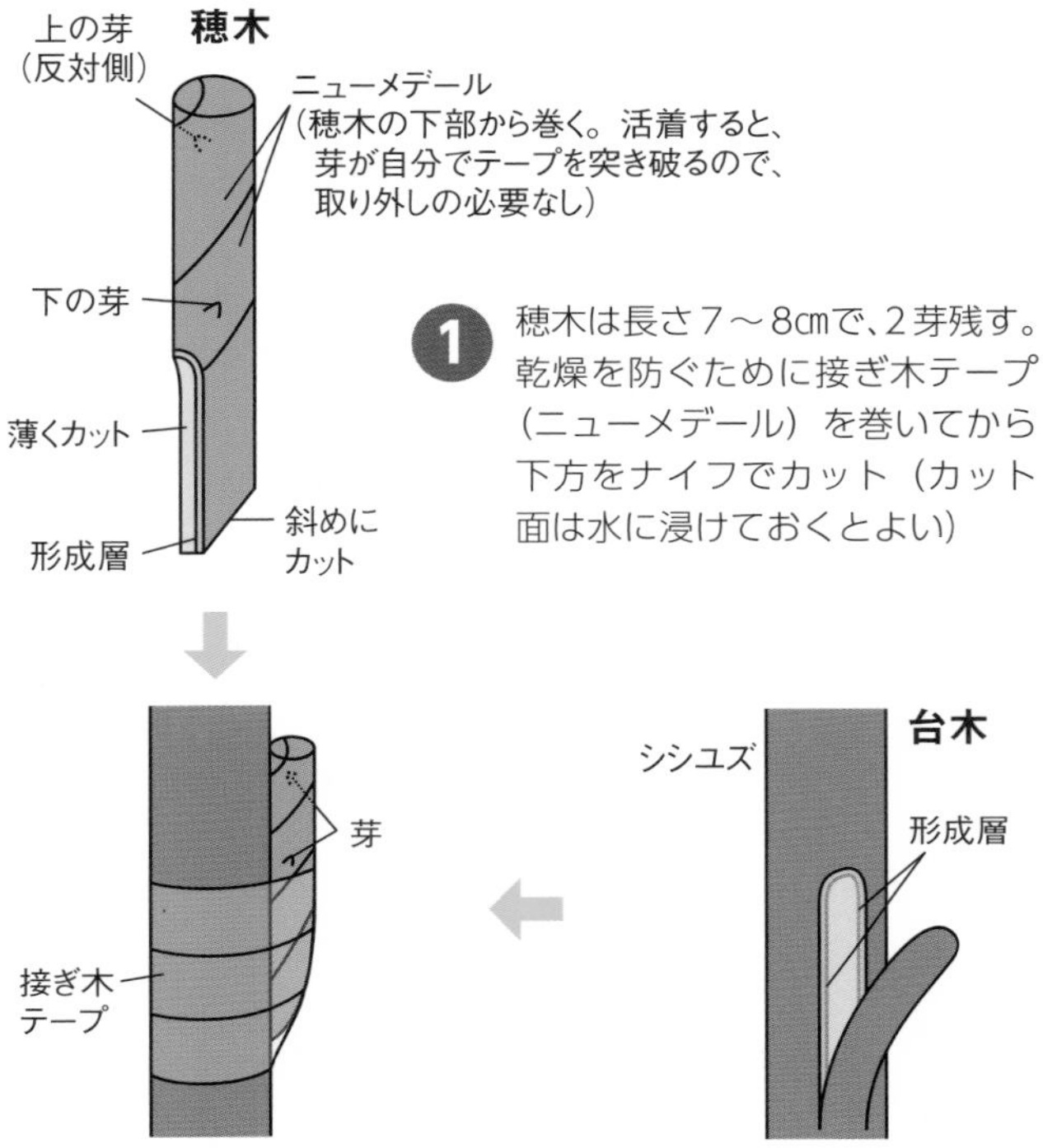

❶ 穂木は長さ7～8㎝で、2芽残す。乾燥を防ぐために接ぎ木テープ（ニューメデール）を巻いてから下方をナイフでカット（カット面は水に浸けておくとよい）

❷ シシユズの枝に切り込みを入れる

❸ 台木と穂木の形成層がピッタリ合うように穂木を差し込む。接ぎ木テープ（安価なタイプ）でしっかり固定

枝の途中に接ぎ木する

私の接ぎ木は胴接ぎ（腹接ぎ）と呼ばれる方法。シシユズの枝の途中に接ぎ木して他のカンキツを枝分かれさせます。昨年はレモン、キンカン、デコポン、オレンジ、温州ミカン、伊予柑、甘夏、湘南ゴールド、清見タンゴール、シークワーサーの実が、私の目線辺りの枝に賑やかに実り、上のほうにはカボチャほどの大きさのシシユズの実がなりました。

カンキツは、風通しがよくなるように毎年せん定をすることが大切だと思います。せん定を怠るとハダニがつき、葉が枯れてしまいます。また根元から木クズのようなものを見つけたら、ただちに針金を穴から入れてテッポウムシ（カミキリムシの幼虫）を潰してしまうか、殺虫剤を染み込ませた綿などで穴を塞ぎます。放っておくと、虫にやられて樹が枯れてしまうことがあるからです。

不知火、せとかを接いだハッサク

接ぎ木の裏ワザ

台木によって不知火の味が変わる!?

徳島県美馬市●中野康夫

あちこちのハッサクに接ぎ木

昭和38年から育てているハッサクを台木に不知火、ポンカン、はるみ、ブンタン、せとかを接いで楽しんでいます。

今までに20本近いハッサクに3種類前後の接ぎ木をしました。

1本の樹に複数品種の実がなると収穫時期などが違いますが、何より畑の面倒を見るのが好きなので手間とは感じていません。

スダチに接いだ不知火は酸っぱい?

さらにおもしろ半分で不知火をハッサクだけでなくレモンやネーブルオレンジ、スダチにも接ぎました。すると、不思議なことに台木によって味に違いが出たのです。あくまで私が接いだ樹の場合ですが、以下に違いを紹介します。

- **ハッサク台木**……酸が少なくいい味。樹に元気があるからか、玉が大きく皮が薄い。試したなかでは一番相性がよいと感じる。トゲがないため手入れがしやすいのもうれしい。
- **ネーブル台木**……まずまずの味。樹が小さいため、枝も小ぶり。枝に葉が多くて、接ぎ木する空間の確保が難しい。
- **レモン台木**……立派な大きさの実ができたが、甘みは少ない。
- **スダチ台木**……少し酸味が強い。トゲがたくさんあるので接ぎ木、摘果、その他の作業がしにくい。カンキツ専業の人に笑われるかもしれないが、「スダチにこんな大きなミカンがなっとる!」とみんなビックリしてくれる。

以上、参考にならないと思いますが、みんなにおいしいといってもらえるのを楽しみに、あれこれ接ぎ木をして味を確かめています。

切り接ぎがアロンアルフアで成功率アップ

鹿児島県徳之島町●芝 敏貴さん

徳之島でマンゴーやアボカドをハウス栽培する芝敏貴さん。アボカドは実生苗を育てて台木をつくり、好きな品種の穂木を接いでいる。最初は成功率が低かったが、穂木に新芽が出始めるタイミングで接ぐとうまくいくことがわかってきた。

ただ、接ぎ木テープを巻いて固定しても、作業中や養生中に穂木と台木の接着面がずれ、活着せず枯れてしまう苗があった。そこで試したのが工作用の瞬間接着剤(多用途向けのもの)。

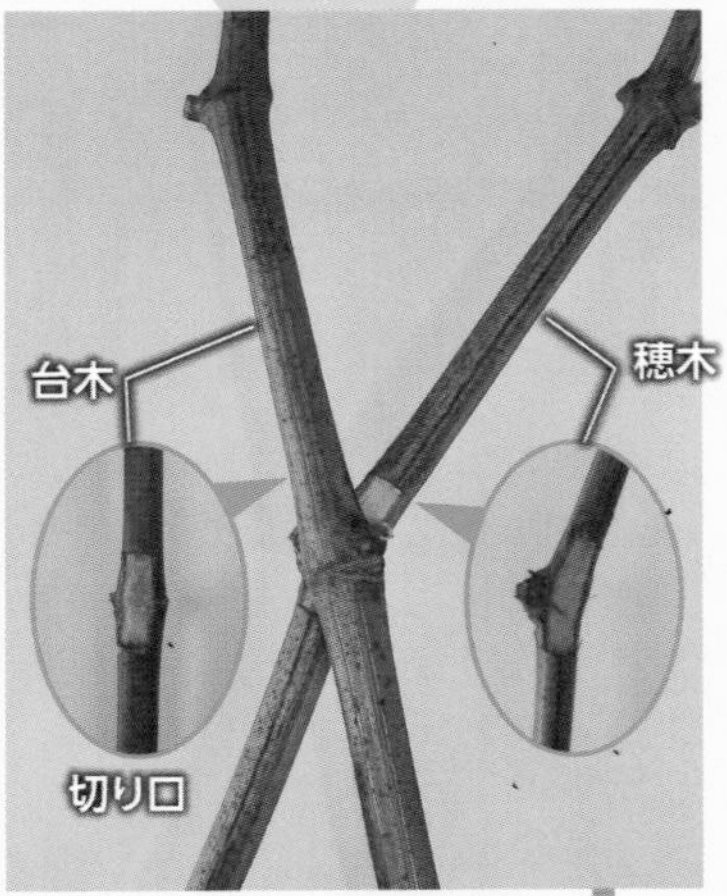

穂木と台木の苗を同じ高さで平面に削り、クロスさせる

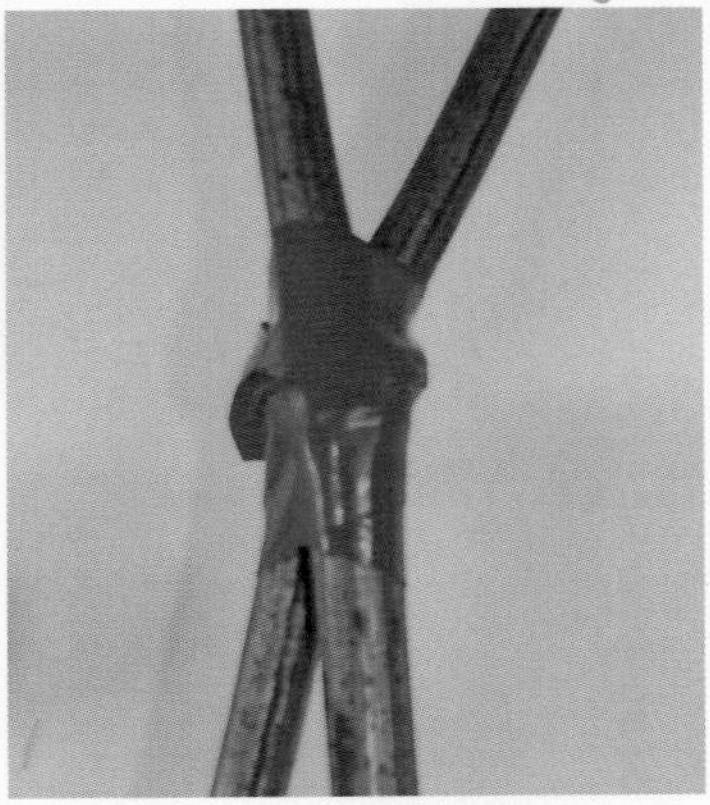

ビニールテープで隙間のないようしっかり固定

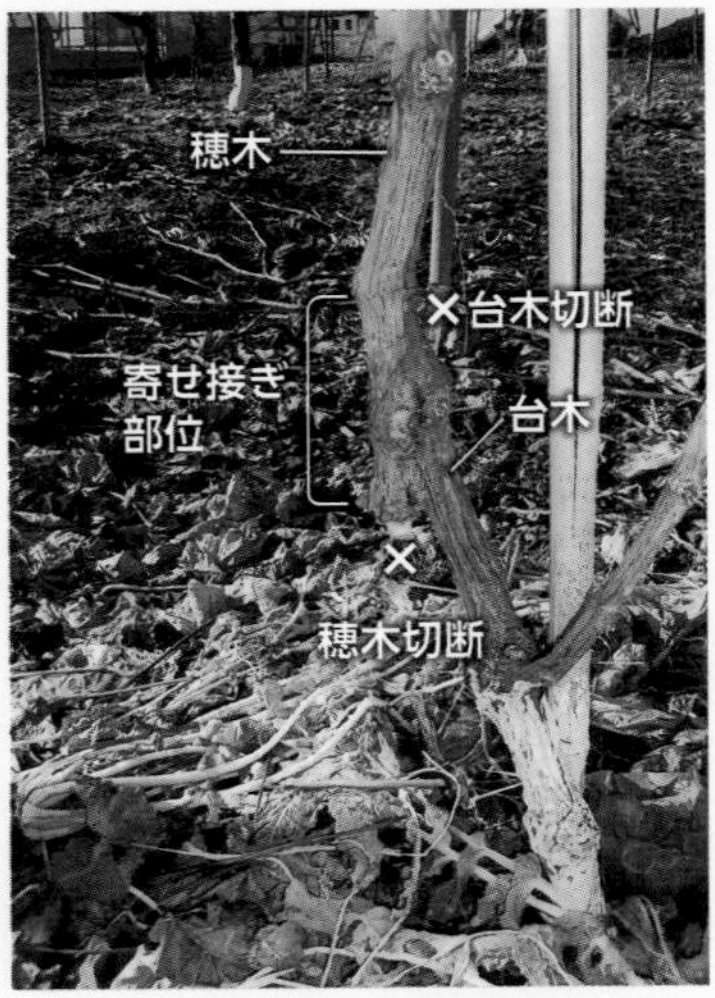

台木（テレキ5BB）に穂木（シャインマスカット）を寄せ接ぎしたブドウの樹

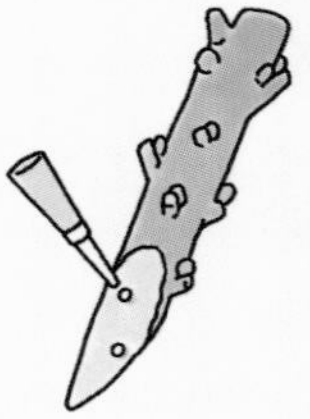

穂木の切断面に瞬間接着剤をつけて挿したアボカド苗。しっかりくっついて手を離してもずれたりしない

穂木の切断面に接着剤をつけてから台木に挿すと、手を離しても落ちないくらいしっかり固定できた。その状態で接ぎ木テープを巻けば接着面がずれることもない。接ぎ木の失敗はほとんどなくなった。

なお、形成層をふさいでしまわないよう、接着剤は一面には塗らず、1〜2カ所に少量つければ十分だ。

失敗しない ブドウの寄せ接ぎ

長野県上田市●箱山金雄さん

超初心者が試しにやるならこんな方法もあるよ、と「寄せ接ぎ」（呼び接ぎ）を教えてくれた。

手順は以下の通り。①春に挿し木でつくった台木とブドウの苗を2本、近くに植える。②水を十分やって黒マルチで覆う。③6月上旬に台木と穂木の苗を同じ高さで平面に削って合わせ、テープで巻いて密着させる（上下に隙間ができないよう注意。左の写真）。④活着したら、9月に台木は接ぎ木部の上で、穂木は接ぎ木部の下で切る。

道具は、ナイフとビニールテープだけ。枝どうしを交差させるので、密着させれば必ず形成層が点で合う。穂木にも根がついているので、比較的乾燥に強く活着しやすい、といった利点があり、接ぎ木初心者にはおすすめだ。

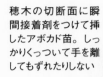

棚から伸びた枝を利用

半年で実がなる鉢植えブドウ

長野県上田市
●箱山金雄さん

9月29日、立派な房が5つもついた鉢植えブドウを抱える箱山さん（すべて赤松富仁撮影）

上田市でブドウ40a、リンゴ10a、ナシ15aを栽培しています。ブドウは短梢せん定で、最近は長野県の品種・クイーンルージュの栽培にも挑戦しています。

数年前にブドウ棚から伸ばした枝を使って、鉢物をつくり始めました。ふつうの鉢植えブドウは定植から1年半経たないと収穫できませんが、このやり方なら半年ほどで実がなります。棚の端にはみ出すような枝を切らずに活用する方法です。今では自宅の玄関や庭先、寄り合い場所や直売所に飾って楽しんでいます。

首の短い房をつくる

やり方は49ページの図の通りです。親木から養水分がくるので、施肥や水やりは必要ありません。鉢に植えた後は、ふつうの栽培と同じようにジベレリン処理、摘粒、袋掛けなどをしますが、花穂整形だけは工夫が必要です。軸を長くすると果実が土についてしまうので、副穂を除いて上から3番目あたりの3～3・5㎝の花穂だけ残し、できるだけ首の短い房をつくります。

収穫期には鉢の中に根が張っている

半年で実がなる鉢植えブドウのつくり方

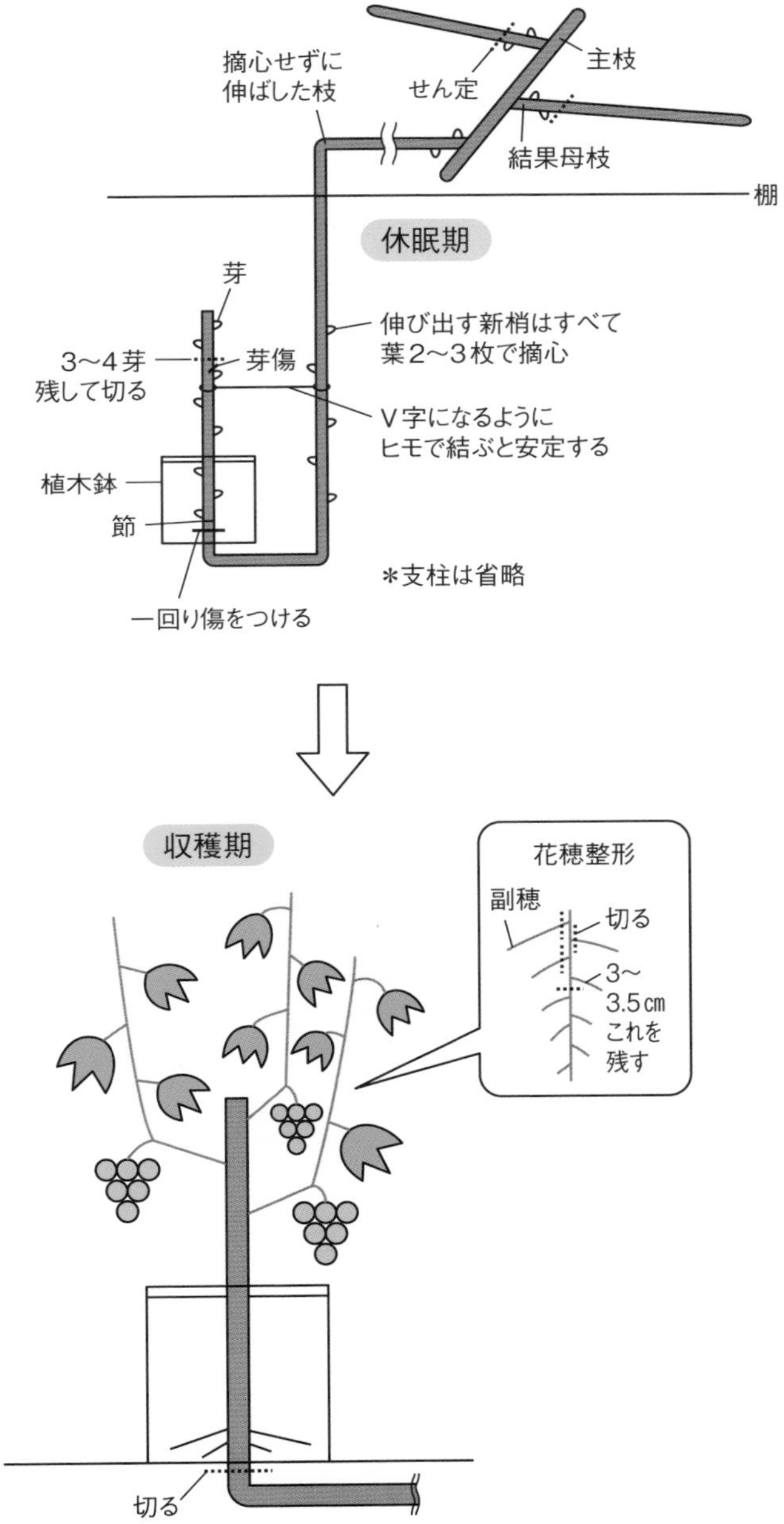

❶ 棚の端にある主枝先端のほうから伸びた枝を摘心せず、そのまま3～4m自由に伸ばしておく。

❷ 休眠期（2月初旬まで）に、❶の枝を植木鉢の底から通す。

❸ 鉢の中に入れた枝の節の少し下に軽くカッターを一回り当てて傷をつけ、発根を促す。この時、できるだけ底に近い部分の節を選ぶ。

❹ 鉢に土を入れ、土の上に出た部分の枝を3～4芽残して切り、枯れ込みを防ぐためにトップジンを塗る。

❺ 残した芽の上に芽傷を入れて、発芽を促す。

❻ 5月頃に芽が伸び出したら、支柱を3本立て上向きにそっと誘引。

ので、棚から通していた枝を鉢の底で切ります。そのあとは親木から水分をもらえないので、十分に水をやりましょう。親木の枝はせん定時に元のほうから切ります。

　棚栽培より低い位置に果実がなるので、ネットで囲うなど獣対策は万全にしてください。品種によって少し小さくなりますが、2年目以降も果実がなります。

（次ページ以降の写真もご覧ください）

6月13日

親樹の先端の枝から取り木する

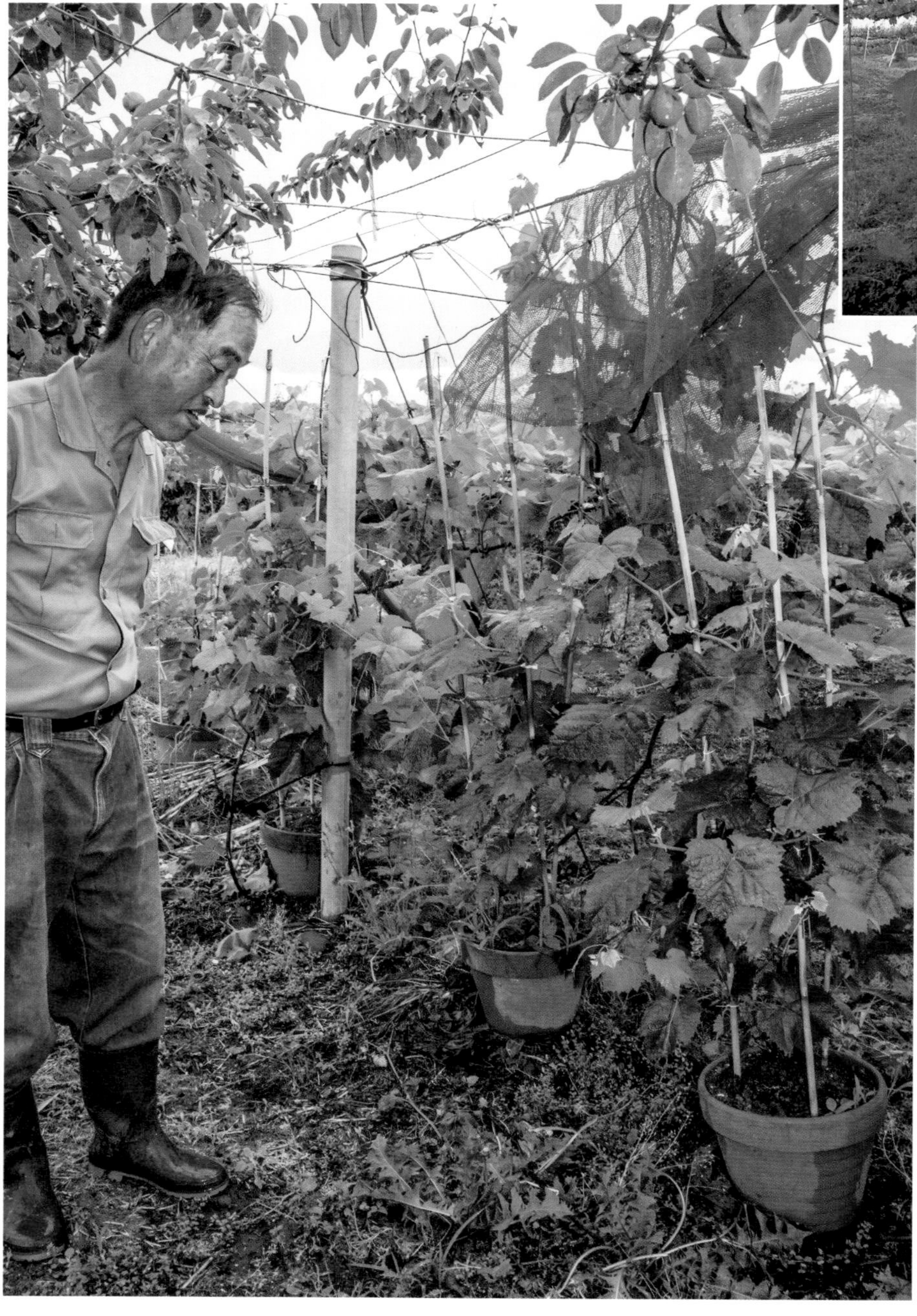

前年に、ブドウ棚からはみ出した先端の枝（親枝）をそのまま下まで垂らし、休眠期（2月下旬まで）に鉢を通して取り木する。最後まで親樹とつながっているので、水やりゼロでも花が咲き、大房がつく

休眠期に枝を鉢植えに通したあと、春に発芽したシャインマスカット（5月下旬の姿）

9月29日

親樹から切りはずす

鉢植えブドウの切りはずし。鉢を斜めに持ち上げ、親枝（親樹の先端の枝）を切る

鉢の中の根が地中に伸びるとやっかいなので、黒マルチの切れ端を敷いてある

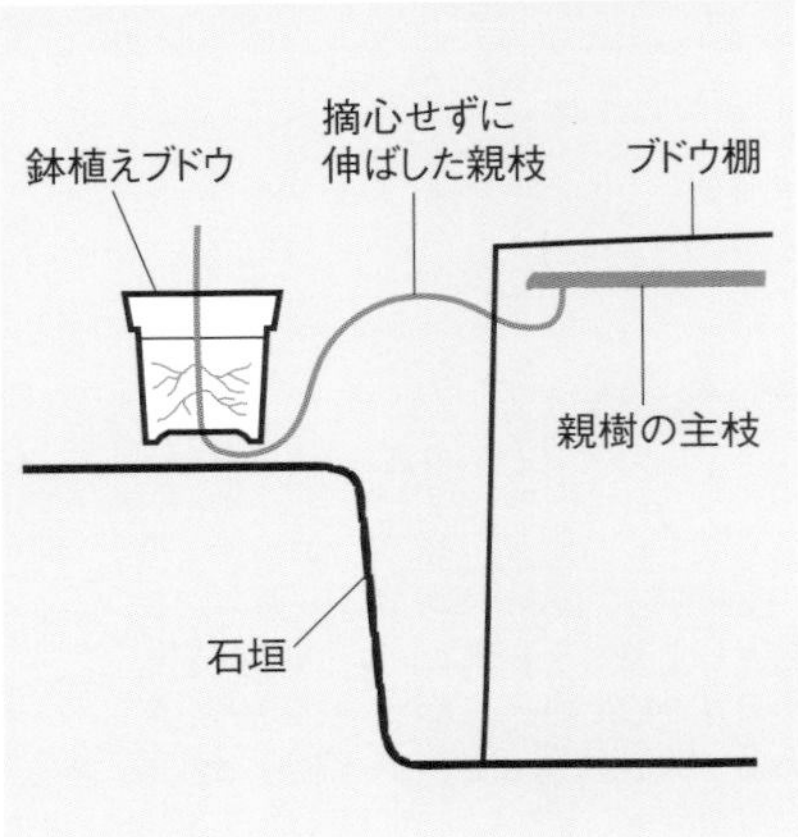

鉢植えブドウつくりのイメージ図（鉢植えの地上部省略）。鉢の中で発根させ、収穫前に親樹から切りはずす

大玉大房の鉢植えブドウができた！

見事な房が5つついたシャインマスカット。箱山さんは自宅の荷づくり場の前などに飾って楽しんでいる

2年目も花芽はできるが、粒は小さい

鉢植えブドウの収穫後に枝を適当な長さにせん定し、翌年の6月のようす。前年に親枝からの養分をもらいつつ、花芽分化も進んでいるので、しっかり花が咲いた。しかし、枝の貯蔵養分が少ないためか、このあと5房ほどならせたが、粒径は2㎝程度だった。小玉だが、味はシャインマスカットのおいしさ

30aちょっとでシャインマスカットを1万2000房つくる箱山さん。ただし、ところどころで台木から出る枝を伸ばし、緑枝接ぎ（矢印）をしながら、つねにいろんな品種の生育や味を試験している

植え付け・せん定の裏ワザ

筆者。ブルーベリー1.5ha、ギンナン1haを栽培。ブルーベリーの苗木生産・販売、摘み取り園もしている
（写真はすべて赤松富仁撮影）

ラクラク、丈夫に育つ ブルーベリーの「ど根性栽培」

ピートモスも水やりも不要！ ど根性定植のやり方

千葉県木更津市●江澤貞雄

ラビットアイには ピートモスも水やりも必要ない

ブルーベリーは酸性土壌が好きなので、「植え付けの時にはピートモスを土に混ぜましょう」「たっぷり水やりしましょう」といわれます。

じつは私も以前はピートモスや水をたっぷりやって、ブルーベリーを育てていました。これをやめたのは、アメリカで林の中に自生していたブルーベリーの仲間を見たのがきっかけです。雨が少ない砂地に育つその姿を見て、「日本の肥沃な土壌なら、何もやらなくても絶対に育つ」と思いました。

帰国後、自分の持っている高さ50mほどの山の頂上に、伐採した竹の葉を株元に厚く敷いてブルーベリーを100本定植しました。ピートモスを運べず、水やりもできないようなところです。その後、1本も枯れずに順調に生育しました。この結果をうけて、ブルーベリーはピートモスがなくても立派に生育すると確信したのです。

多くの人がピートモスを使っているのは「ブルーベリー栽培にはピートモ

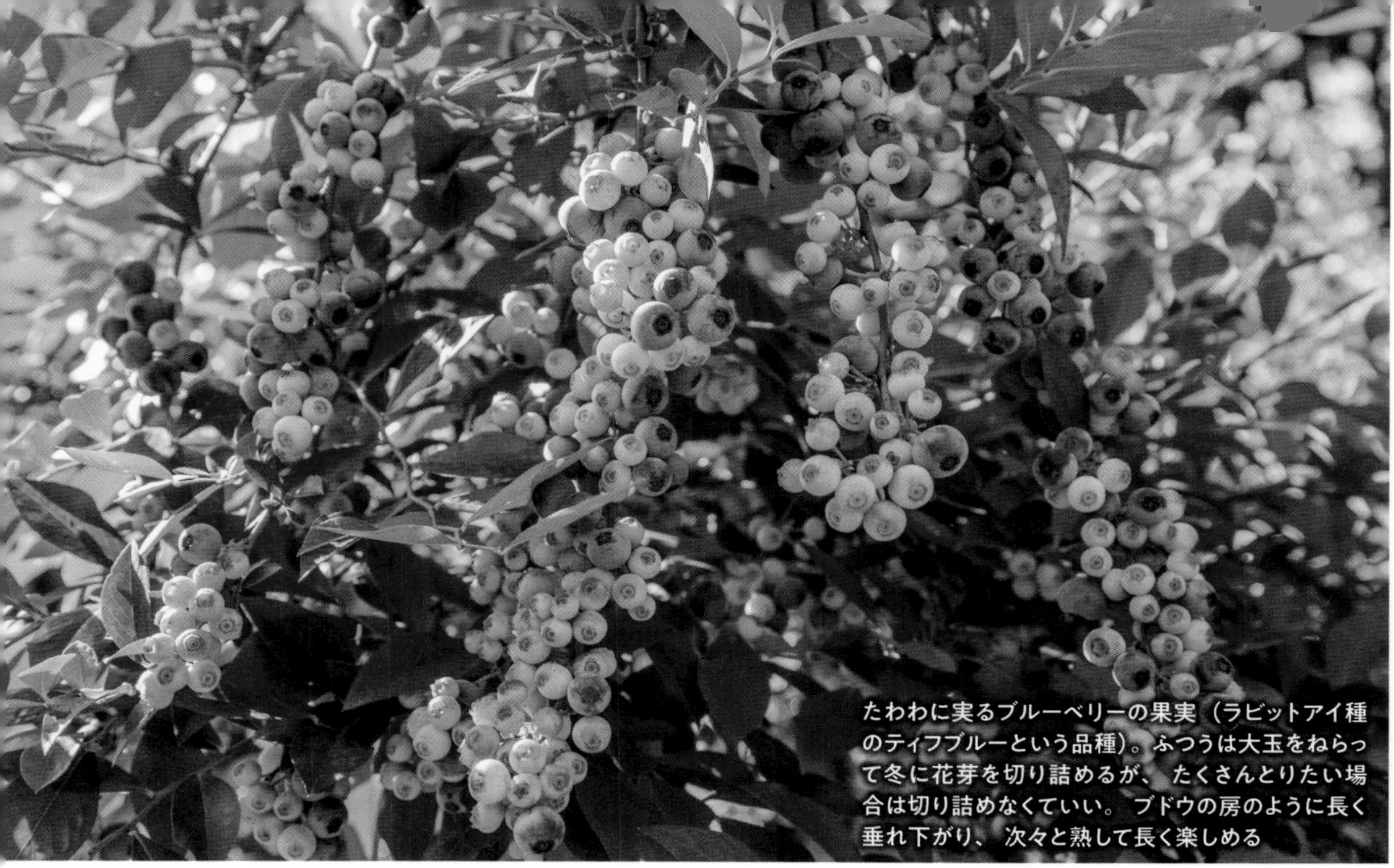

たわわに実るブルーベリーの果実（ラビットアイ種のティフブルーという品種）。ふつうは大玉をねらって冬に花芽を切り詰めるが、たくさんとりたい場合は切り詰めなくていい。ブドウの房のように長く垂れ下がり、次々と熟して長く楽しめる

スが必要なものだ」と思い込んでいるからではないでしょうか。ブルーベリーには大きく分けて「ラビットアイ」と「ハイブッシュ」という2つの系統がありますが、ラビットアイはとても丈夫な樹です。枯れるとしたら、原因は化成肥料のやりすぎか根腐れです。

ハイブッシュにはpH調整必要

ピートモスを使わないと、経済的な負担が少なく、定植後にかん水が必要ないので忙しい人にも喜ばれています。

ただし、ハイブッシュの場合はラビットアイと適正pHが異なるので、その点だけは注意が必要です。ラビットアイは5・8前後でも大丈夫ですが、ハイブッシュは4・3〜4・5でないと生育は落ちます。植え付け時に硫黄粉などを土壌とよく混和して、適正pHにするといいです。

深さ20㎝、肥料はナタネ粕だけ

定植のための植え穴は、畑の土質によって異なります。日当たり、水はけがよく、軟らかい黒ボクや砂壌土の場合は、鍬で20㎝ほどの穴を掘るだけです（56ページ）。

問題は耕盤のある水田転換畑や粘土質、硬い土の畑。残土などで埋め立てた土地はブルドーザーで踏み固めてあり、そのままでは植えられません。そういった畑の植え穴は56ページの図2のように、バックホーで深さ60㎝以上掘ってつくります。

図1　根の張り方のイメージ

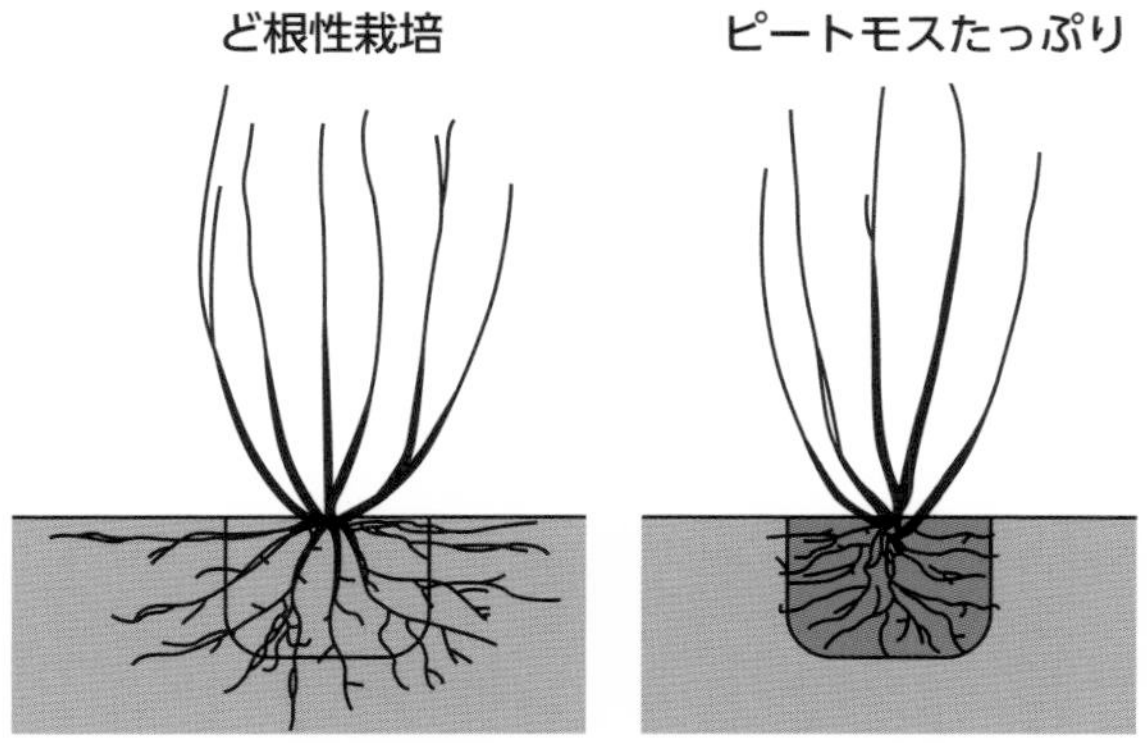

ピートモスもかん水もないので植え穴の外へ広く根を張り、地上部も生育がいい

適度なかん水により、植え穴に入れたピートモスの中で根は不自由なく育つが、それ以上外に根を張ろうとしない

ブルーベリーの定植のやり方

4 木や竹のチップ、枯草などの有機物を、20ℓ缶4杯分マルチ。苗木の周り80×80㎝で厚さ10㎝ほど

5 支柱を立てて、苗木を縛る

6 苗木を樹高の半分〜3分の1に切り詰める

＊ブルーベリーを連続して植える場合のウネ間は3m、株間2m。

＊ブルーベリーは酸性土壌を好むため、植え付けの際硫黄粉で土のpHを下げる。ラビットアイは1株あたりお椀半分、さらに酸性を好むハイブッシュはお椀1杯分が使用の目安。硫黄粉は「日本ブルーベリー協会」のホームページから注文できる。

植え付け後の栽培のポイント

- 根を深く伸ばすため、水やりはしない
- 猛暑などで土が乾燥しそうな場合は、有機物マルチを増やす
- 毎年12月に油粕を与える。量は幼木でお椀1杯、成木はお椀3杯ほど。有機物マルチをよけてから、株周りにぐるりとまく

図2　硬い土や水はけの悪いところでの植え穴のつくり方

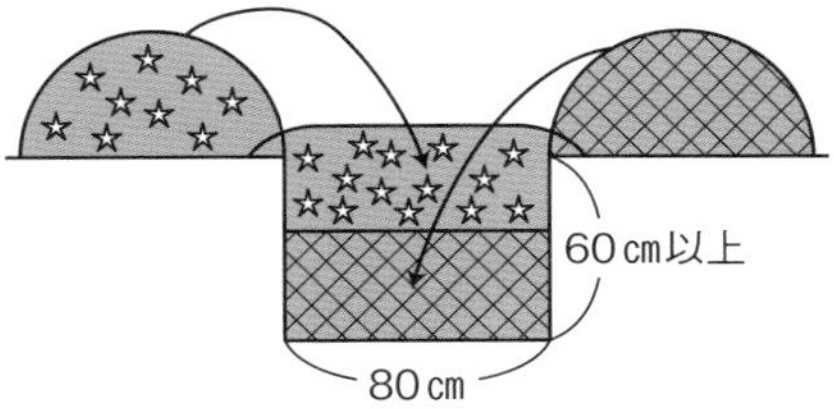

①バックホーで80×80×深さ60㎝以上の穴を掘る
②掘った土を管理機などで細かくする
③土の層の順番を変えないようにして戻す

1 深さ20㎝の植え穴を掘る

2 苗木のポットを抜き、根を崩さずに植えて土をかけて足で踏む

3 ナタネ粕をお椀1杯やったあと、イノシシ対策とpH調整に硫黄粉をお椀半分、株元にぐるっと散布

定植は56ページのように深さ20㎝で植え、有機物マルチをたっぷりかけます。ピートモスやかん水は一切やりません。定植後、毎冬ナタネ粕を肥料として株元に散布します。植え付け後3年まではお椀1杯、そのあとは樹の生長に合わせて最大3杯まで量を増やしていきます。

また、排水の悪い畑では豪雨のあとなどに、植え穴に水が集まってしまうことがあります。そうすると、根腐れしてしまうので、園内に明渠を掘るなどして水はけをよくします。

よくある失敗に注意

この「ど根性定植」を試した人から寄せられた、失敗談や質問をもとにポイントを紹介したいと思います。

①施肥は有機物マルチをよけてから

ナタネ粕や硫黄粉をやる時は、有機物マルチを熊手で除いてからにしましょう。マルチの上からだと、根が養分を吸おうとして上に伸びてしまうと考えられるからです。

②ナタネ粕は必ず休眠期に施用

ナタネ粕は毎年秋から冬に施用します。春以降だとナタネ粕が熱を持ち、ブルーベリーが枯れることもあります。

③マルチは木や竹のチップがいい

有機物マルチは木や竹のチップ、せん定枝のチップも使えます。モミガラやオガクズは風に飛ばされやすいのでおすすめしません。

④初期生育が悪くても心配しない

ど根性栽培では焦らず3年かけてゆっくり育てるので、思ったよりも生育が遅くて心配になる方もいますが、追肥やかん水はやらずにおきましょう。それでもしっかり育ちます。心配になって追肥すると、紅葉せず葉が青いままで低温にあたってしまいます。

たわわに実る 簡単せん定のコツ

●編集部

枝整理のためのせん定 光が入るように、大胆に切る

葉もすっかり散り終えて、樹が休眠を始める11月から、江澤さんはせん定作業に明け暮れる。次になる実の品質をよくするためである。

江澤さんがまず強調するのは「思いきりのよさ」である。

「チンチクリンな枝は、すべて元から切っちゃうんです」

長さが5㎝以下の枝は、おしなべて取り除く。たとえ花芽が着いていたとしても、短くて弱々しい枝には、いい実などつきはしないのだ。

その年、実をならした枝も切る。ブルーベリーの結実までの経過は、まず春に新梢が出る、その年の夏～秋に花芽が着く、そして翌年に結実、となる。だから一度実をつけた枝は切り落とし

実がなった枝は切り落とし、今年出た新梢（花芽が着く枝）に更新。本来、せん定は落葉後だが、特別に9月にやってもらった

てしまい、その年の春に出た枝（1年枝）にバトンタッチするのだ。

1年枝でも切るものがある。内側に向く枝（株内が混み合うため）、地面へ垂れ下がる枝（いい実がならない）、天に向かって勢いよく伸びる徒長枝（収穫の時手が届かない）など。

ここまでが、株の中に十分な光を呼び込むための「枝整理」の話。大きくて色づきのいい実を得るための基本技術である。

花芽整理のためのせん定 品種ごとに残す花芽の数が違う

続いて、今度は残した枝の扱いである。品種ごとにやり方が違うのだ。

ハイブッシュ―3～4芽残す

ハイブッシュは花芽を3～4つ残すようにして切り戻す。ただ、それだと1枝に10ぐらい着いている花芽の半分以上を落とすことになってしまう。


「もったいなくて花芽を落とせない人も多いんですよ。だけど、花芽が10個だからといって、実が10個しかならないわけじゃないでしょ。1つあれば、そこからたくさんの実がなるんです。花芽を整理しないと、今度は逆になりすぎになっちゃいますよ。じつは小玉にしかならないし、樹にも負担がかかりすぎてしまう」

花芽の制限は、大玉で揃えることが目的なのである。

花芽整理のためのせん定

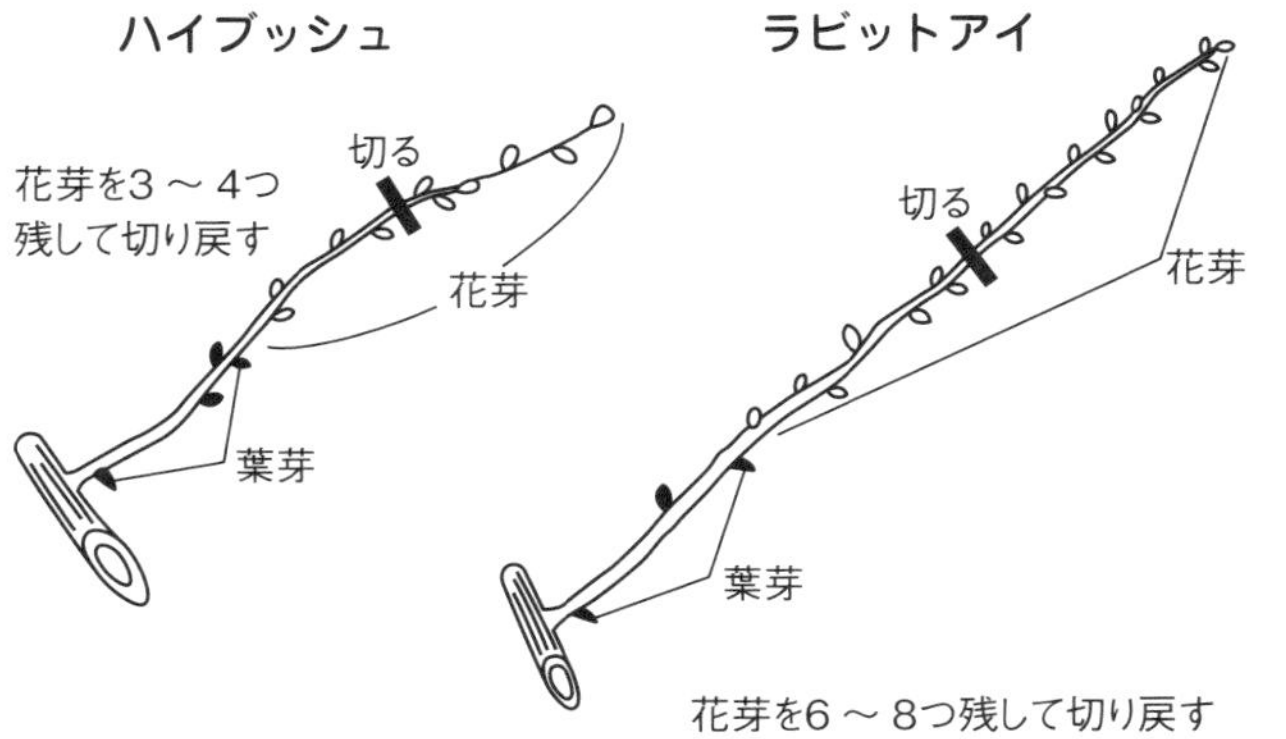

花芽を6～8つ残して切り戻す（摘み取り園の場合、よほど長い枝は切り戻す、それ以外は切り戻さない）

ブルーベリーの枝の構成（休眠期の姿）

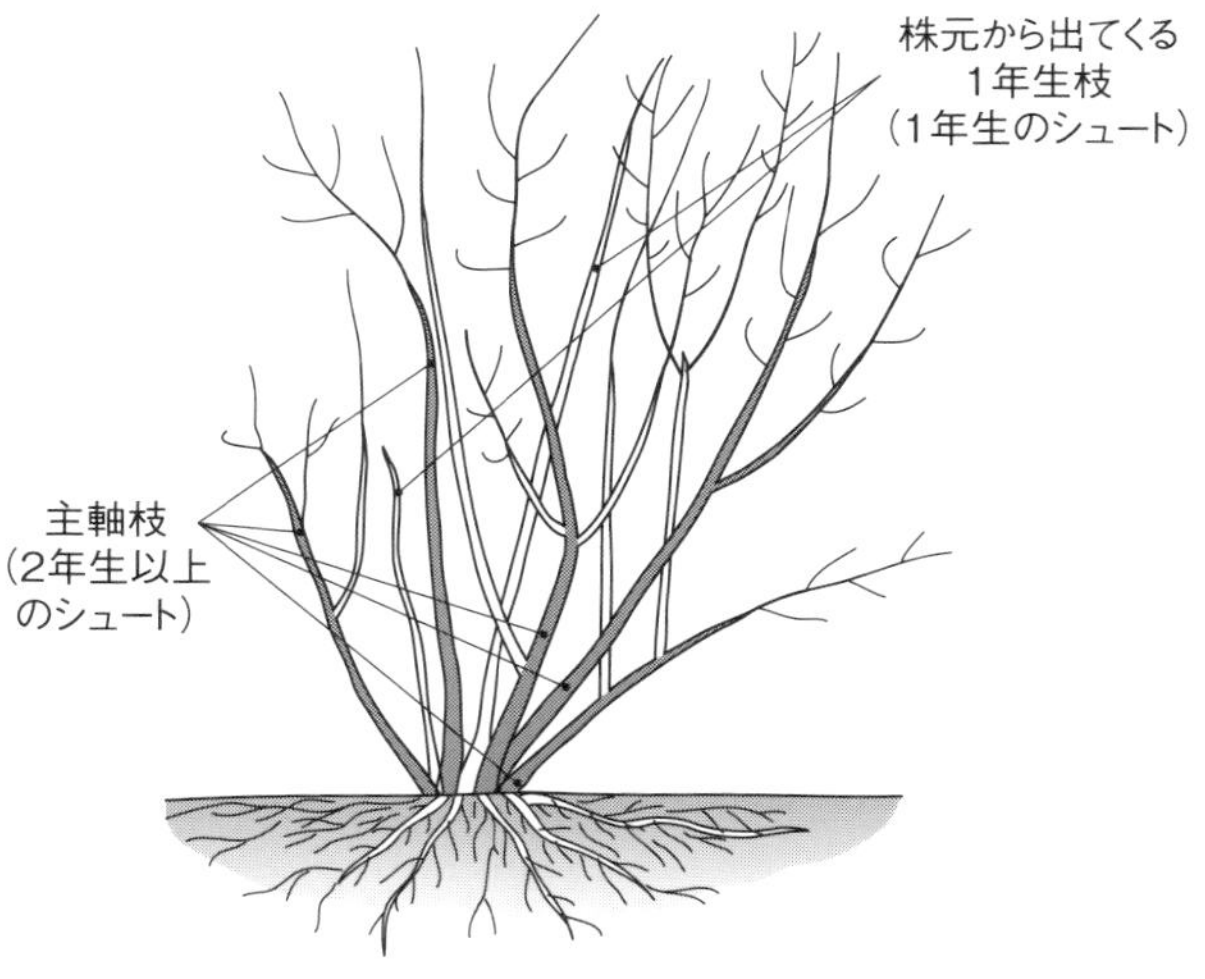

江澤さんは、一度残した主軸枝は基本的にそのまま使い続ける。毎年、株元から出てくるシュートは取り除く

ラビットアイ―6～8芽残す

ラビットアイの魅力は、「強樹勢」の「多収」である。枝の伸びもよければ、たくさんの実に耐えられるだけの体力もある。その特性を生かし、花芽は最低でもハイブッシュの倍ぐらい残す。

ただ、春先の晩霜害が心配される地域では、両種とも、あと1芽2芽残して、保険をかける配慮も必要だ。

自家用や摘み取り園なら枝整理だけでもいい

前述のラビットアイのせん定は、市場出荷用の話。じつは、観光摘み取り園や自家用の場合は、よほど長い枝以外は、ラビットアイでの花芽整理のためのせん定（結果枝の切り戻し）はしなくていいという。

「摘み取り園では収量が第一。熟期を長くすることも重要ですね」

江澤さん流、主軸枝一挙更新のやり方

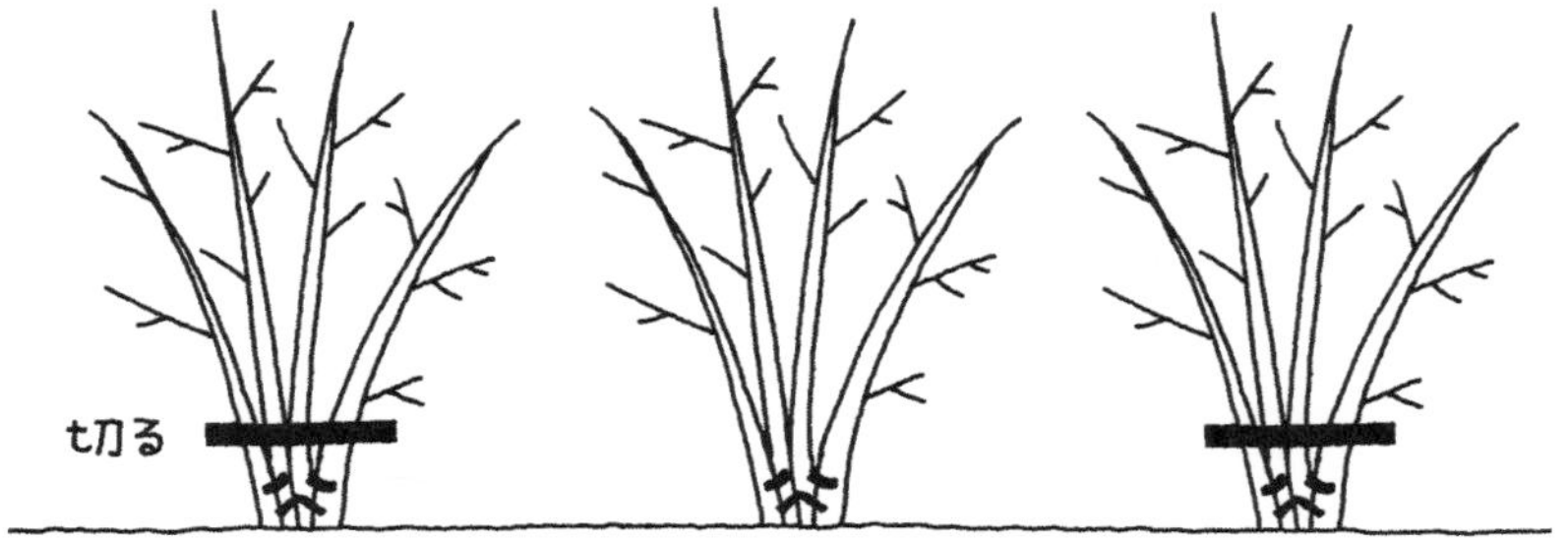

冬場、株を1つ飛ばしで、地際10～30㎝の位置で切り詰める

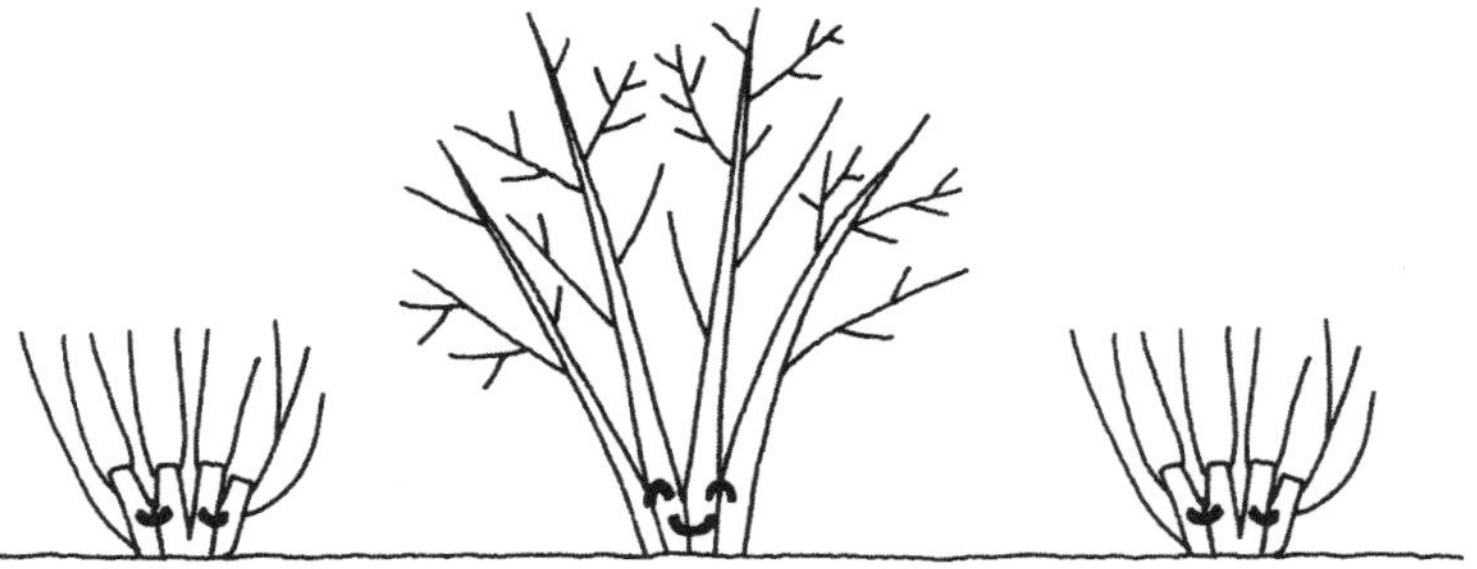

夏場、残された株は元気を取り戻す。切られた株からは、新梢がたくさん出てくる
※イラストでは葉と実を省略

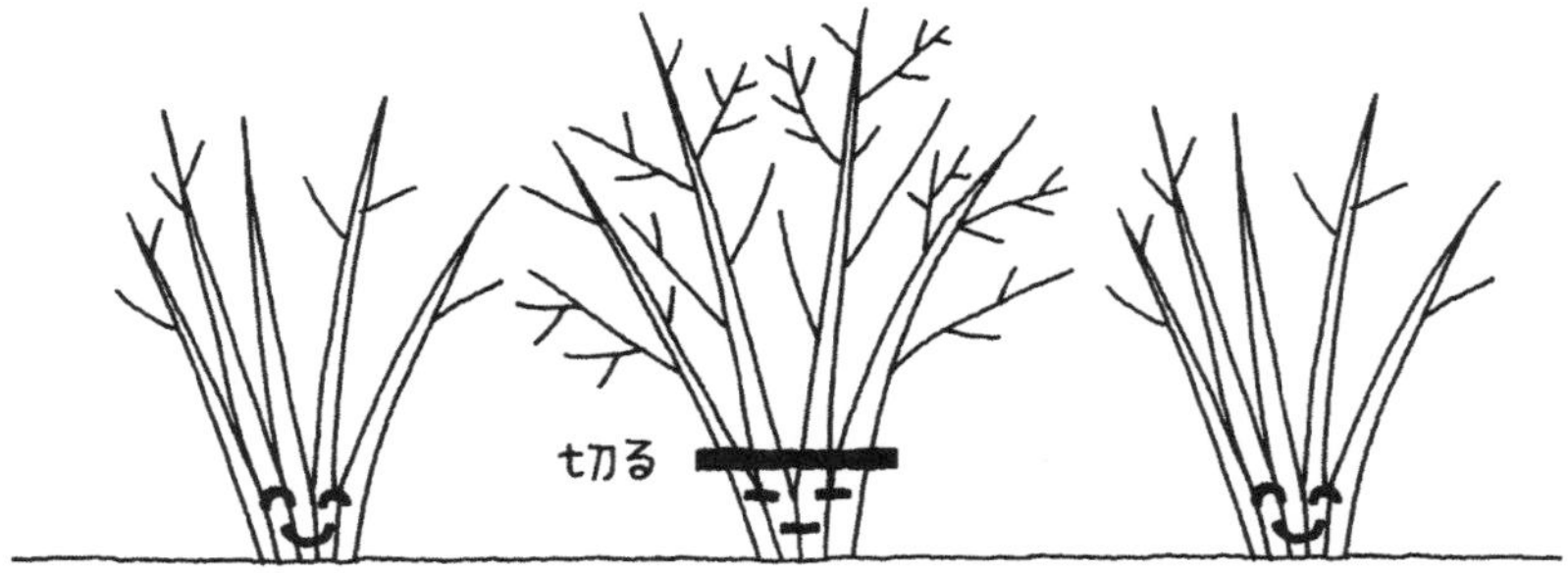

たくさん出てきたシュートを冬場に整理して主軸枝を設定、次の夏にはもう収穫できる。今度は残した株を地際10～30㎝で切り詰める（更新した株の初収穫の前に切り詰める場合もあるし、それ以降の年にする場合もある）

たくさんの実がついていれば、1枝の中でも熟期にバラつきが出てくる。摘み取り園ではお客さんがいつ来ても楽しめるから都合がいいのだ。

ただし、このやり方は、樹勢の弱いハイブッシュでは難しい。また、ラビットアイの「メデット」（メンディトゥ）は着果量が多く、放っておくと、花芽が1枝30を超えてしまう。このように極端に花芽が多い品種は、その数を半分ぐらいに減らすのである。

主軸枝のせん定
同じ主軸枝を使い続ける

主軸枝とは、他の果樹でいうところの主幹や主枝にあたる部分で、樹の骨格を成している。江澤さんは、ハイブッシュで1株3～5本、樹勢の強いラビットアイではもうちょっと多めに残している。

主軸枝候補になる枝（シュート）は、成木になってからでも次々と新しく伸び出してくるが、江澤さんは基本的に更新せず、同じ主軸枝を残す。シンクイムシが入ってしまったり、収量が極端に落ちてしまったりした主軸枝だけ、更新することにしている。

毎年伸びてくるシュートは、根元から切り払ってしまうだけである。株の外側に生えている枝は、夏場の草刈りついでに刈り払い機で切断。株の内側に生えている枝は、冬場のせん定の際に除去。

「それをしないと、枝葉が混み合って、株の中に光が入らなくなります」

例外は株を拡大したい場合のみである。「ここに主軸枝を1本増やしてもいいかな」と思える位置に出てきたシュートだけは残すことにしている。

これらの話は、ハイブッシュよりも、シュートの発生が甚だしいラビットアイに対してとくに有効である。

10～15年目に
主軸枝を一挙更新

江澤さんは、植え付け10～15年目を目安に一挙更新を敢行する。主軸枝をすべて、思いきって地際10～30cmで切り詰めてしまうのである。

かりに2月に切ったとすると、その年のうちにはもう新梢が「すさまじく出てくる」。1株で20本はくだらないという。長さもどんどん伸びていき、花芽をたくさん着ける。それを翌年の2月に、枝ぶりや枝の出ている位置を考えながら、適正本数になるように整理し（余分なシュートを間引き）、実をならせるのだ。つまり、収穫を1年休んで、樹の若返りを図るわけである。

1株おきの一挙更新で、
未収益期間をなくす

といっても、この一挙更新、なにも畑一面同時に実施するわけではない。植え付けて10～15年目にさしかかる列のみを、あるいは主軸枝が手首ぐらいの太さになるまで巨大化し、老朽してしまった列のみを対象とする。しかも、その列の中でも、更新するのは1株おき。

残された株は日当たりがよくなり、使える空間が広々とする。その結果、古い株でも元気を取り戻し、更新で収穫をお休みしている樹の減収分をカバー。更新した樹が完全復活すれば、今度は残した古い樹の主軸枝をすべて切り詰めればいいわけである。

※江澤さんのブルーベリー栽培について、詳しくは『ブルーベリーをつくりこなす』（江澤貞雄著、農文協）をご覧ください。

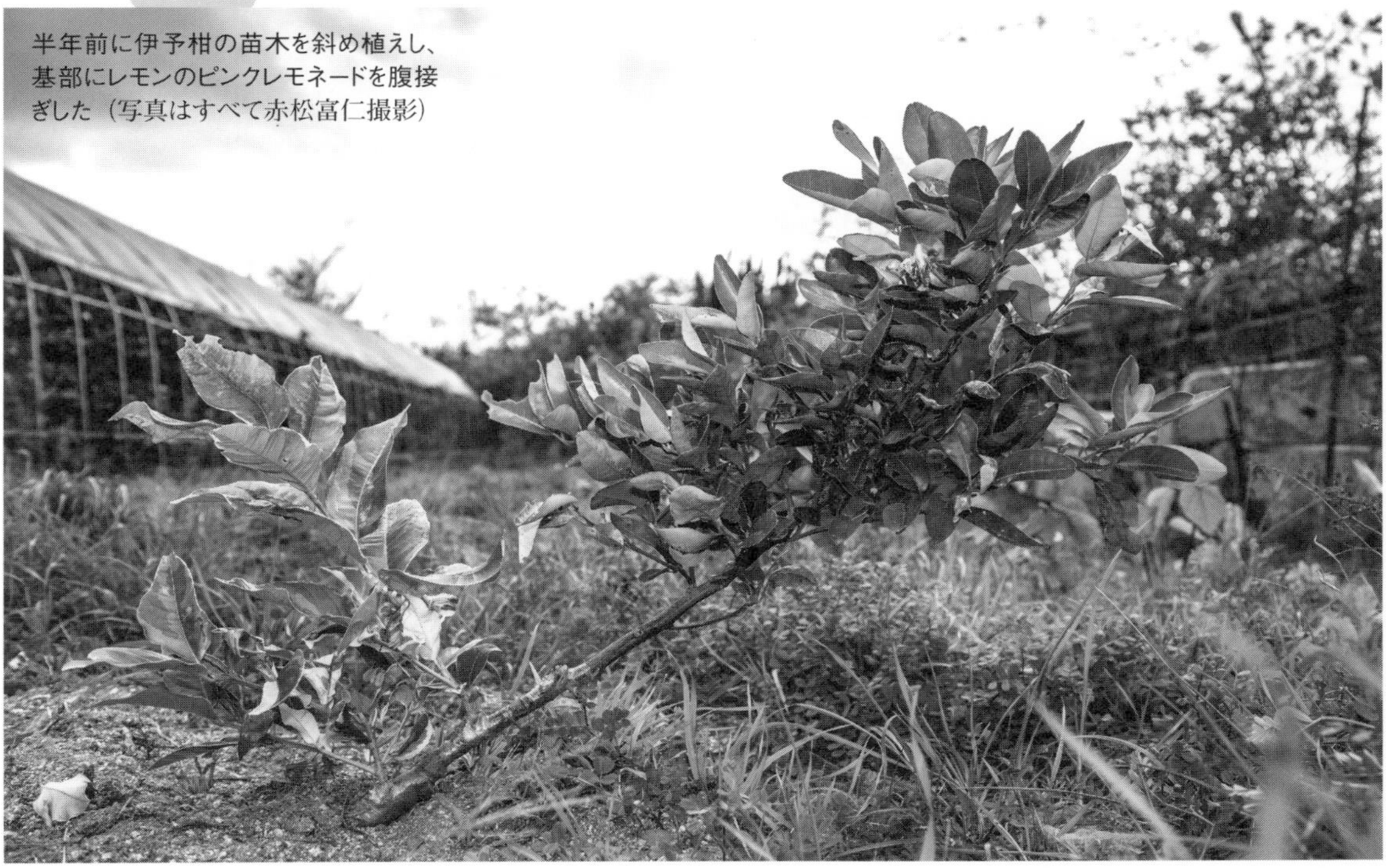

半年前に伊予柑の苗木を斜め植えし、基部にレモンのピンクレモネードを腹接ぎした（写真はすべて赤松富仁撮影）

カンキツは斜め植えで収穫が早まる

新品種も接ぎ木で早くとれる

愛媛県上島町●脇 義富さん

脇 義富さん

苗が傾いてる!?

愛媛県立果樹試験場岩城分場の元分場長、脇 義富さんがちょっと変わったカンキツの植え方をしているというので、畑を訪ねた。見せてもらってビックリ。あれ!? 苗が傾いている。大きくなった樹も根元を覗き込んでみるとやっぱり斜め。

「うちの園は3ha全部斜め植え。苗を45度くらいで植えて、切り戻しはしません」

カンキツの苗木はふつうまっすぐ植える。そして、地面から30cmで切り戻し、いくつか出た芽から主枝が3本になるように育てていくのが一般的だ（62ページの図）。30cmに切り戻せば、残った枝から主枝が出せるので樹形を整えやすいからだ。

「そういうもんだって100年前から教科書には書いてあるんだよね。でも、苗木屋さんがせっかく育てた部分を切っちゃうなんてもったいないでしょ」

基部優勢を生かす斜め植え

脇さんによると、切り戻しをしない斜め植えの最大のメリットは早期成園

植え方による生育の違い

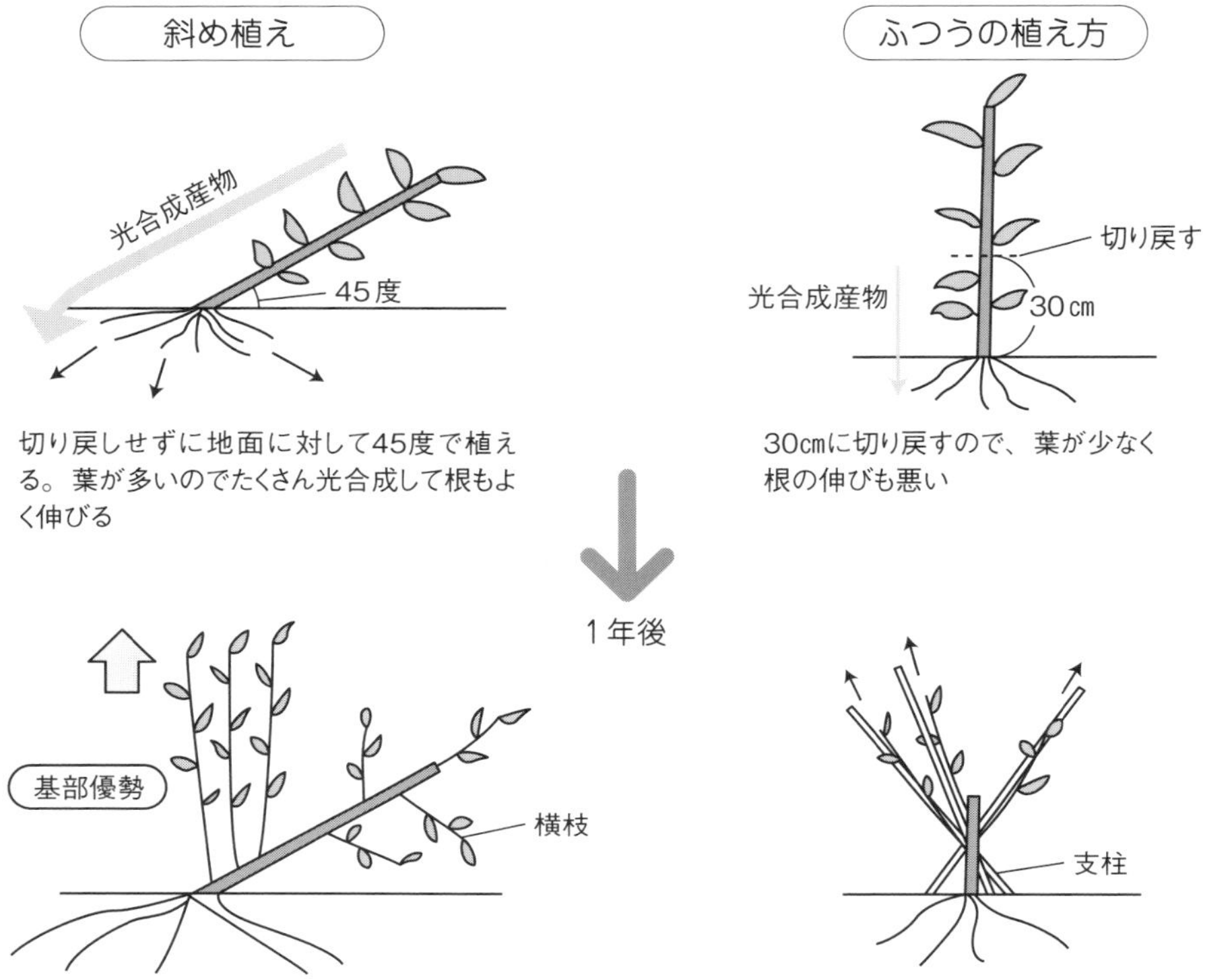

切り戻しせずに地面に対して45度で植える。葉が多いのでたくさん光合成して根もよく伸びる
30㎝に切り戻すので、葉が少なく根の伸びも悪い

支柱なしでも基部から勢いよくひこばえが出ている。先端部は横枝になって生殖生長に傾き、3年生くらいで花芽が入りやすくなる

主枝3本をつくるが支柱が必要なほど伸びが弱い。幼木期は花芽がつきにくく、着いても上向きの枝なので品質の悪い果実がなる

化だという。しかし斜めに植えるのは結構勇気がいる。まっすぐ植えて切り戻さなかったらどうなるのだろう？

「それだと頂芽優勢で一番上の芽だけがどんどん伸びて、開心自然形がつくれない。でも斜めに植えれば、わざわざ30㎝で切り戻さなくても、ちゃんと基部のほうから勢いよくひこばえが伸びて、それが主枝になるんだよ。中晩柑などの新品種は樹勢が弱くてなかなか樹冠が広がらないものが多いけど、斜め植えなら早く育つからね」

まず、斜めに植えることで、基部優勢が働いて、根元に近い基部からひこばえが強く出る。それを支柱なしで4～5年は好きなように伸ばして主枝候補枝にする。ただし、主枝候補枝から出る内向枝はせん定や摘心で落とす。そうすれば、自然と果実が外側になり、果重でだんだん開心自然形になっていく。その過程で主枝を3本にしぼればいいそうだ。

たしかに植えてから5年経った樹を見ると、根元は斜めだが、樹全体は斜めではなくまっすぐ植えたように開心自然形になっている。

斜め植えなら早期成園化

「この方法なら切り戻さないから、葉が多く残り活発に光合成して養水分が根に届く。そうすると根がよく伸びて地上部も育つ。しかも基部からひこばえが出てよく伸びるから、苗木の生長が早まるんですよ」

さらに、斜めに植えることで、先端から出る枝は落ち着いた横枝になり生殖生長に傾く。そこには垂れ下がるようにして品質のいい果実がなる。2年生の苗を植えれば、量は少ないが定植したその年に収穫もできるのだ。そして、基部から出たひこばえが主枝として育っていくと、10年くらいで最初に斜めに植えた幹は日陰になって弱り、先端から枯れていくという（左写真）。

極早生ミカンに新品種を接ぐ

「極早生ミカンの苗を斜めに植えて、基部に3芽、中晩柑の新品種などを接ぐんだよ。台木が極早生ミカンなら発芽が早いので、基部に接いだ品種も早めに発芽し、その後の生育も早まるからね。それで接いだ3芽を主枝にして、3本仕立てにするというわけ」

極早生ミカンの苗木は新品種に比べて安い。生育も早いので台木にするとちょうどいいという。そこに収穫したい新品種を接いでいくわけだが、脇さんは買ってきた苗木を1芽ずつ分解する。1年生苗から15芽とれる。斜め植えの基部に3芽ずつ接ぐから、5本の新品種の苗木ができる。つまり、苗木を1本ずつ定植するのに比べ、この方法なら苗木代を5分の1に抑えられるのだ。脇さんは試験場を定年退職して

斜め植えした5年生のレモン

台木の断面の違い

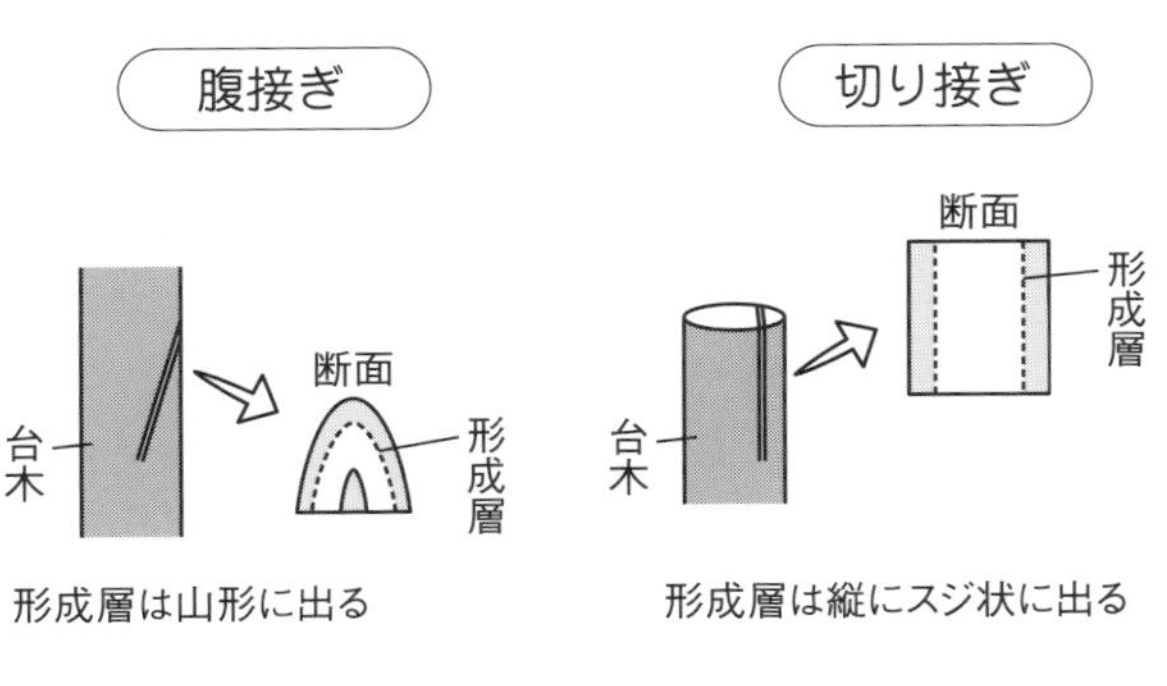

1芽腹接ぎの穂木の準備

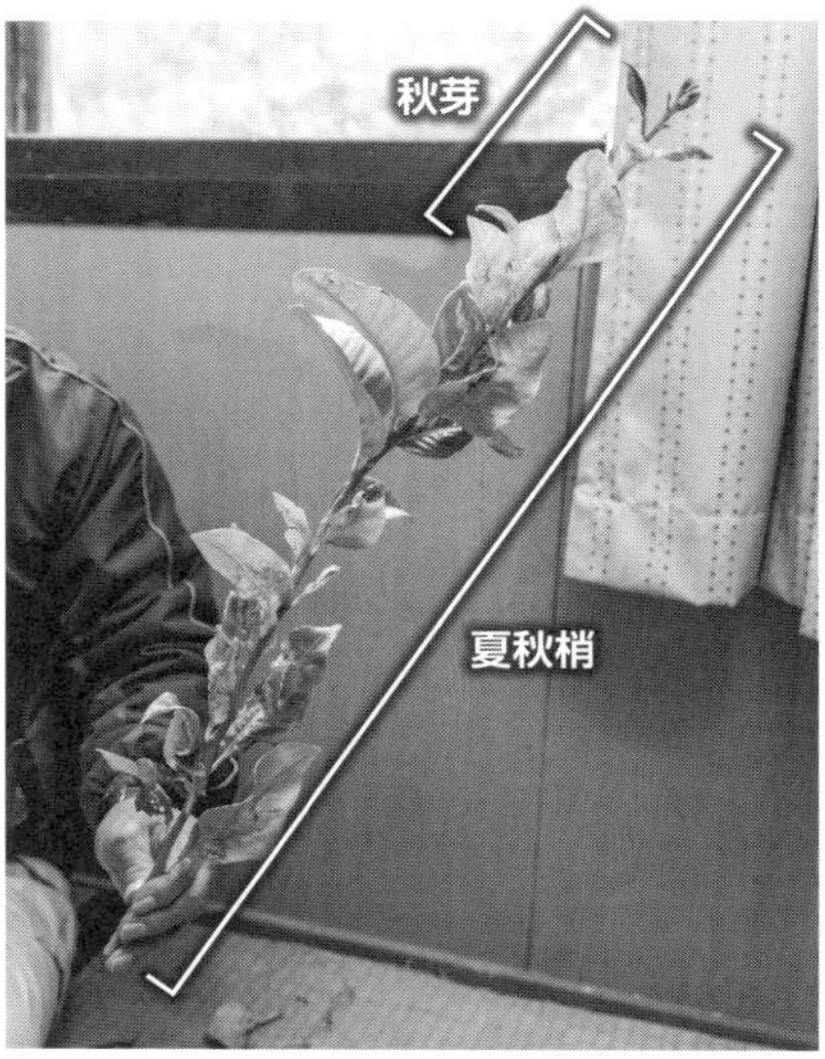

❶ 1年生の苗からは節の数の芽がとれる。自分の園地からとる場合は、芽がぷくっとした夏秋梢を選び、栄養分の少ない秋芽部分は使わない

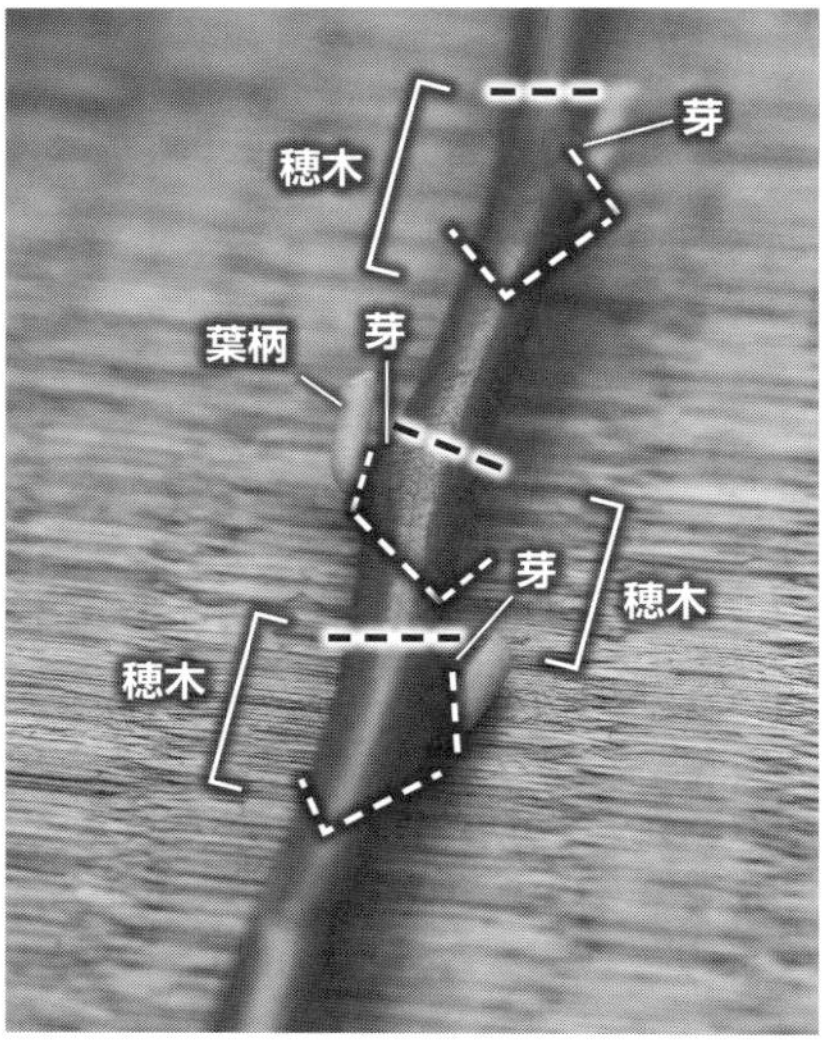

❷ 葉の元にある芽を傷つけないよう葉柄を少し残して葉をハサミで落としてから、よく切れるナイフで残った葉柄を切り取る。その後、芽が上向きになるよう穂木として切りとる。台木に差し込む部分はナイフ（白）、それ以外はハサミ（黒）

❸ 接ぎ木までに少しでも時間があれば、穂木を乾かさないように濡れたタオルに包む（脇さんは口の中で唾液に浸す）

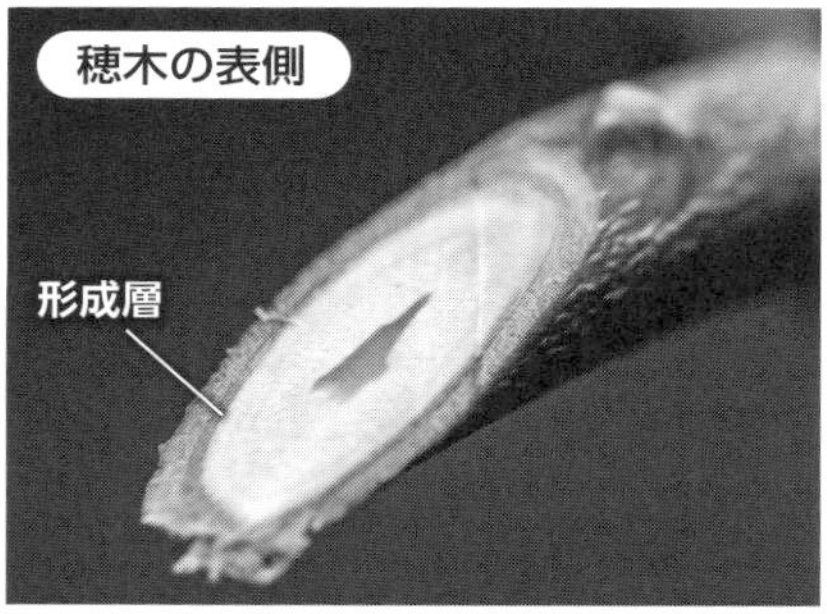

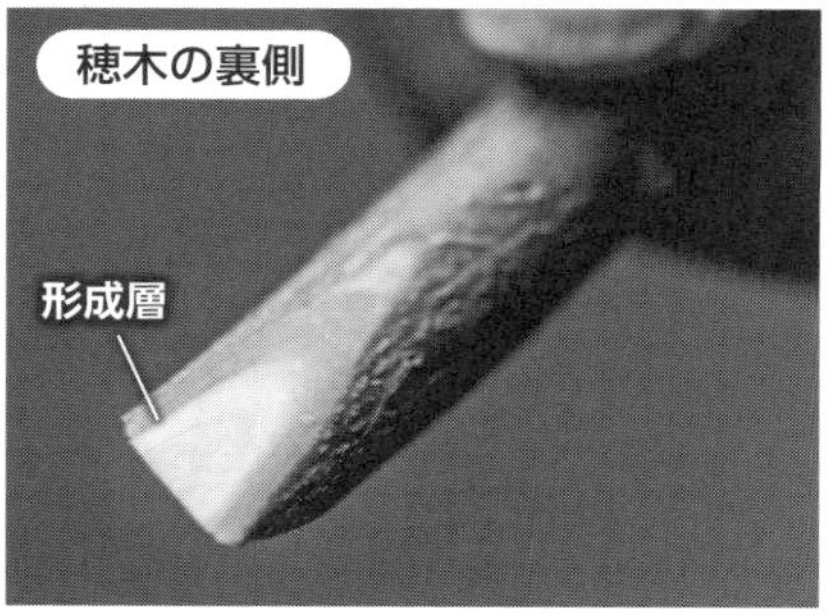

裏は薄く削って軽く形成層を出せばいい

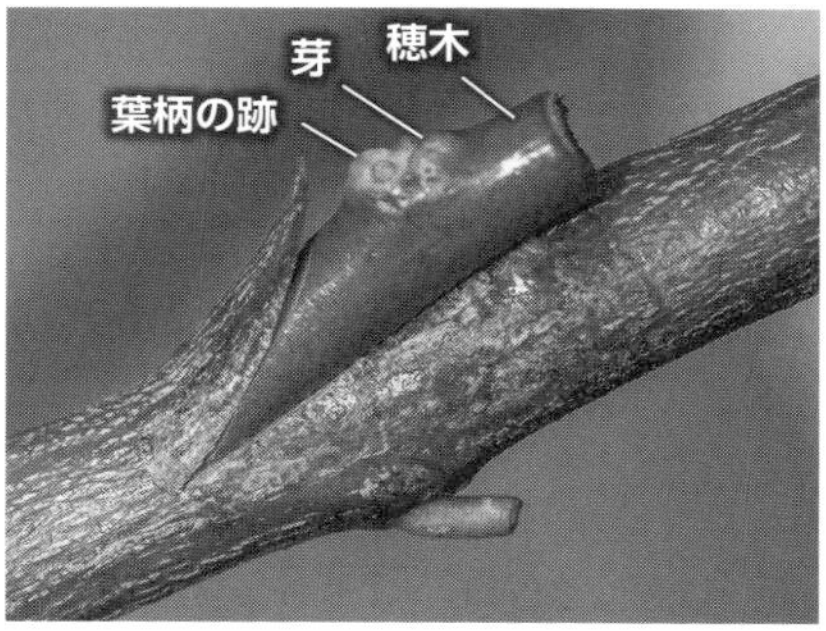

完成した穂木（台木に見立てた枝に差し込んでいる）

就農した年に1000本の極早生ミカン苗を斜め植えし、すべての基部に別の品種を接いだという。

　脇さんによると、できれば斜めに植える苗は2年生がいい。1年生よりも小根（細根）が多く活着しやすいし、当然1年分生長が早いからだ。おかげで、台木である極早生ミカンからも植えた年から少しずつ収穫でき、道の駅でキロ500円で売れるそうだ。

腹接ぎなら成功率が高い

　脇さんは、接ぎ木は1芽腹接ぎと決めている。一般的な切り接ぎだと1度台木を切ってから、断面に垂直に切り込みを入れて、そこに穂木を差し込む。この場合、63ページの図のように形成層は縦にスジ状で出てくる。一方、腹接ぎだと台木の側面に刃を斜めに当てて切り込みを入れるので、形成層は山形に出る。

「山形のほうが穂木と台木の形成層を合わせやすいので、成功率が上がるんですよ。さらに、切り接ぎだと切り口にしか接げないけど、腹接ぎなら台木のどこにでもたくさん接げる。だから、腹接ぎしかしないんです」

新品種で早期成園化をねらう

　脇さんが接ぎ木するのは芽が動く前の2〜3月だが、一般的な接ぎ木シーズンである4月でも問題ない。台木の芽と同時に接いだ芽も一気に動き出す。ひこばえのように基部の3芽が勢いよく伸びるので、生育が早まり、新たな品種で早期成園化がねらえるのだ。

　ちなみに今回紹介した1本の苗木を分割して穂木にすることは自家増殖にあたる。2020年12月に成立した改定種苗法によって、2022年4月1日から登録品種の自家増殖には許諾が必要になる。それまでの間は登録品種でも自由に自家増殖できるし、2022年4月以降も登録品種以外であれば問題ない。

台木の準備と接ぎ木

1 斜め植えした苗木の地際から20㎝までにある枝をハサミで事前に全部落としておく

2 基部20㎝の範囲にナイフで3カ所切り込みを入れる

3 台木の切り込みに穂木を差し込み、形成層を合わせる

4 接ぎ木部分に空気が入らないように、テープをぐるぐる巻いて固定する。芽の上下は三重、芽の上は一重に巻く

＊脇さんが接ぎ木部分を巻くのに使うテープは、通称・ラップテープ（「接木テープ」アグリス）。他のテープと比べて安いし、ぴったりくっついて手で簡単に切れる（購入の問い合わせは最寄りのJAへ）

（上）春の収穫後に小枝を「二度切り」したようす。若い1年枝は残す。／（下）筆者（戸倉江里撮影。以下T）

夏に枝を切り戻せば クワの実が秋にもとれる

鹿児島県大崎町●諸木逸郎

垂れ枝の大粒の実が大人気

県立農業系高校勤務時には、全国で初めて有機農業を学べる専門課程の有機生産科を農業高校に設置しました。

2004年に退職。実家には田畑が少しあり、土地の活用を考えていた時、植木市で大きな実のなる50cmほどのクワの苗木を見つけ、2本購入しました。

クワの実は5月のゴールデンウィーク頃になると熟して紫色の実がなります。そのままちぎって食べたり、ジャムにしたりします。果物のない時期ですし、クワの実はめずらしい。しかも私のクワは枝が垂れる品種で収穫しやすく、実も大きく甘さがあります。

そこで2本の親木から挿し木をして30aの有機農園をつくりました。3～4年もするとたくさんの実をつけるようになり、クワの実狩りを開園したところ大変な人気で、県内外から多くの人が訪れるようになりました。

ところがその後、クワの実が真っ白になる菌核病が発生し、壊滅的打撃を受けました。原因は、2～3月にクワの樹の下に発生するキノコ「キツネノワン」の胞子による感染です。有機農園なので農薬を使用せず、地面にビニールを敷いたり石灰をまいたり、耕耘を繰り返したりしましたが、効果はありませんでした。クエン酸をかけて抑えている知り合いもいますが、ともかく地域全体が汚染され、樹によってはなすすべもない状態でした。

台風に学んだ「2度切り」

7～9月になると、強い台風がクワの枝や葉をもぎ取り傷めつけます。台

夏

8月下旬。小枝を切ったところ（矢印）。ここから新しい枝が出て秋に実をつける（諸木逸郎さん撮影、次ページに続く）

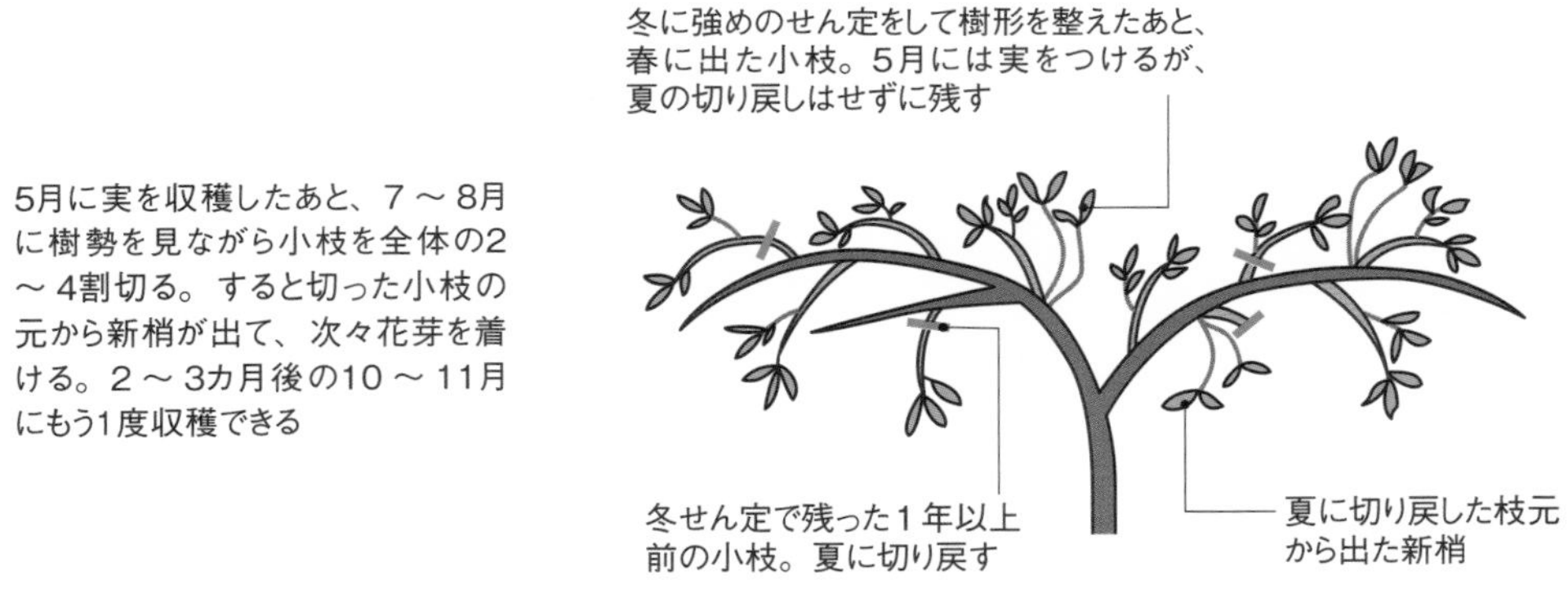

5月に実を収穫したあと、7～8月に樹勢を見ながら小枝を全体の2～4割切る。すると切った小枝の元から新梢が出て、次々花芽を着ける。2～3カ月後の10～11月にもう1度収穫できる

風後の枝をよく観察すると、たくさんの実をつけることがわかりました。台風がクワに強いストレスを与えた結果、子孫を残さなければとあわてて実をつけるようで、そのクワの生命力に感動しました。

しかも、実に菌核病が発生しません。この時期には菌核病のもとになるキツネノワンが出ないのです。

そこで台風に学び、枝のせん定や脱葉をしたところ、計画的に秋にも実をつけられることがわかりました。相変わらず春は菌核病にかかる樹も、秋の実は心配ありません。

現在は、冬に1度目のせん定をする他に、6月頃からまた小枝をせん定し、新梢を促しています。葉っぱをとるより作業性がよいので、この「枝の2度切り」がおすすめです。新梢に実がつき、2～3カ月後に収穫できます。降霜前に収穫できるよう逆算して行ないます。秋の生の実はさらにめずらしい。春の実に比べれば少し小さく糖度が低いのですが、おいしいジャムなどができます。これからはクワの実ワインづくりもおもしろいと思います。

秋

11月上旬、夏以降に伸びて垂れた枝にクワの実がなる。樹1本から春と秋で20kgも収穫できる。写真は夏に台風で葉をもがれた枝だが鈴なりについた（T）

諸木さんのクワは実も大きくて甘く、枝が垂れるので収穫もしやすい。もとは自家用や観光農園用に植木市で探し出したもので、登録はしていないが「シダレクワノキモロキ」と名付けた（T）

傘を逆さにして枝を振ると、熟した実だけが落ちて簡単に集められる。最盛期は1日おきぐらいに収穫すると腐れた実が出ない（T）

秋の実は5月より糖度が若干低いが、ジャムなどに加工するには申し分ない。しかも秋は、春に多い菌核病の菌がいないので収量が上がる（T）

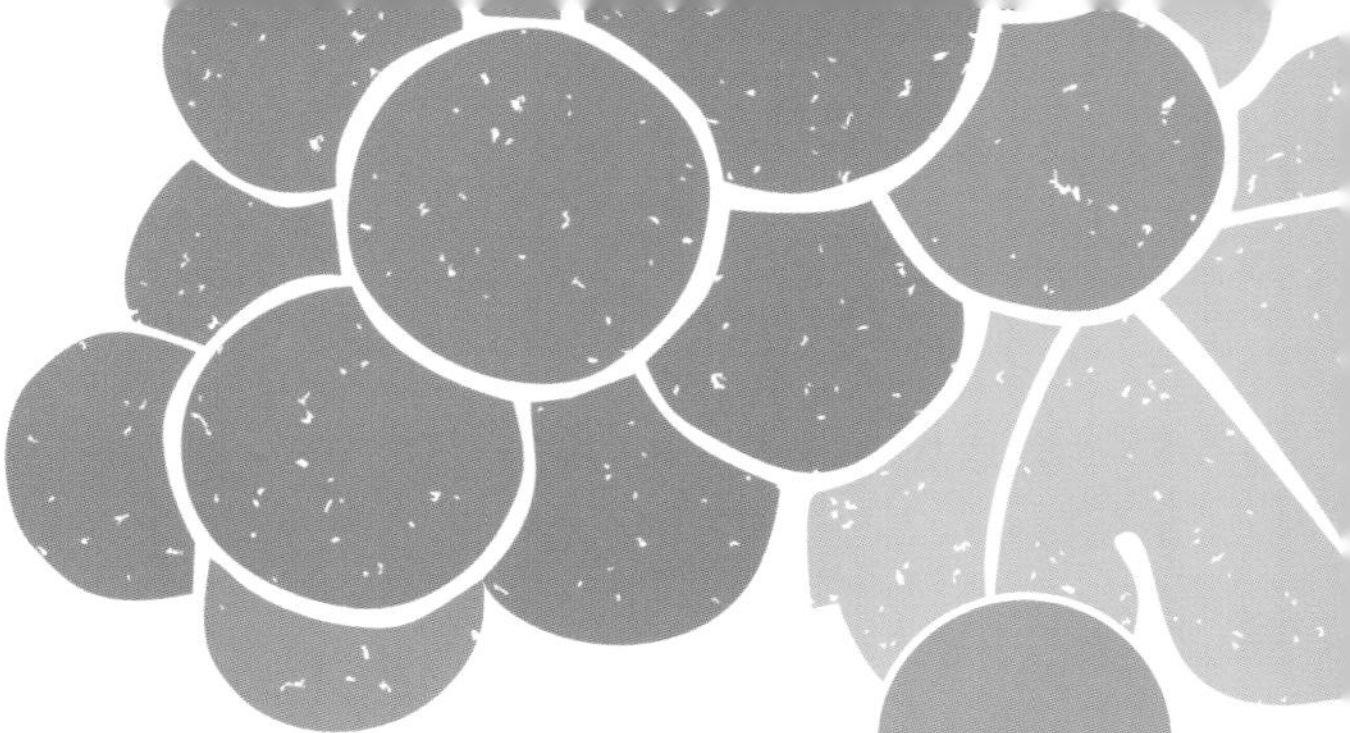

苗木屋が答える

楽しみ果樹の病害虫診療所

三重県桑名市●高井 尽

ブドウの若葉に黒くぶつぶつと穴があいてしまいました。

瀬戸ジャイアンツがやっと6月1日に発芽しました。でも、久しぶりに観察したら、病気にかかっているようです。どんな消毒をしたらいいですか？

（6月15日）

ブドウの黒とう病。若葉など軟らかい緑色の部分に黒褐色の斑点ができる。古くなると、病斑部から穴があく

雨が原因の病気です！　おそらく「黒とう病」の症状。0・5gの小袋に入った殺菌剤を散布しましょう。

ようやく芽吹き始めたようですね！　ブドウは4月に芽吹きますが、まれに6月までじっとしているのもいますよ。

さて、写真を見ると葉や茎に黒い斑点があったり、葉が奇形のように縮れたりしていますね。おそらく「黒とう病」の症状だと思います。ブドウは雨が当たる環境では、カビや菌が原因となる病気が出やすくなります。5月に

GFベンレート水和剤（0.5g×10袋）

雨が多かった年は、黒とう病がよく出るようで、他の部員からも同様の相談が寄せられています。

ＧＦベンレート水和剤を２０００倍に薄め、１週間おきに2～3度散布してください。楽しみ果樹向けに、０・5g×10袋、７００円程度のクスリが売られています。

予防策としては、雨よけの屋根をつけるとよいですが、つけられない場合は、雨が多くなる直前から殺菌剤を定期的に散布してください。

イチジクの主幹の根元に木クズのようなものが？

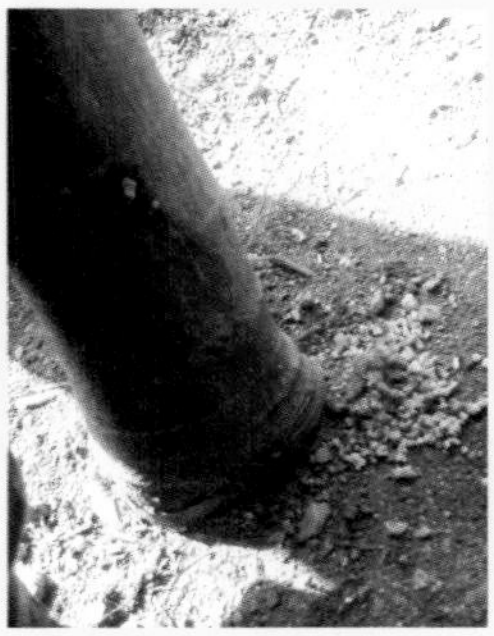

植えてから丸2年になるヌアールドカロンの樹です。まだ実はなっていませんが、枝の先端に葉がつき始めました。ただ、主幹の根元に木クズのようなものがありました。不思議と思い何度か取り除いたのですが、また木クズが……。よく見ると、主幹の根元に小さな穴が見受けられます。虫が食っているようです。（4月2日）

カミキリムシの幼虫による食害の跡です。

穴の中にカミキリムシの幼虫（テッポウムシ）がいて、幹の内部を食べています。なので、木クズの中には糞も混ざって出ているはずです。カミキリムシはあらゆる樹に入ります。ミカン、レモン、イチジク、ブドウ、モミジ、シラカバなどさまざまな植物を枯らし、最近だとソメイヨシノで問題になっています。幼虫は幹や枝の内部に侵入し1～2年ほどで成虫になります。成虫は株元や枝をかじったり、地際部の樹皮や幹の内部に卵を産んだりします。

木クズが出るのが止まらないのは、

カミキリムシに葉を食害されたレモン。茶色くなっているのが食害跡

園芸用キンチョールE（カミキリムシ幼虫用、420㎖、1758円）。専用ノズルで樹の中の幼虫を効果的に退治

まだカミキリムシの幼虫がいるサインです。穴を刃物などで広げて針金を差し込み刺殺するか、園芸用キンチョール（カミキリムシ幼虫用）で駆除してあげてください。周囲に雑草が多いとカミキリムシの成虫がやってきやすいので、ゴミや枯れ枝、雑草は放置しないようにお願いします。被害にあって枯れた木も同様です。

　予防策としては、「テッポウムシ予防樹脂フィルム」が効果的です。樹木の表面に塗るだけで樹脂フィルムができます。害虫が樹皮に取りつくと違和感を覚えて侵入しません。また、幹の内部で越冬する成虫を封じ込め、他の株への移動を防いでくれます。

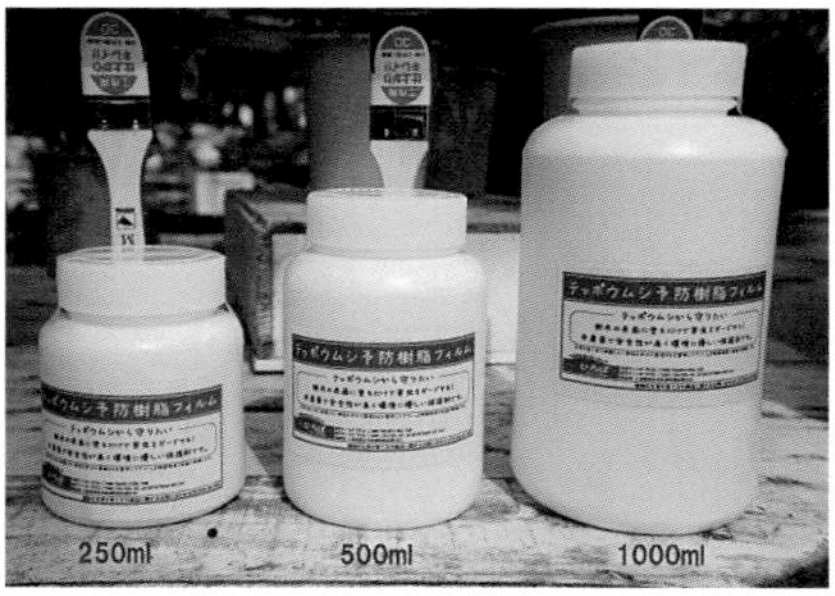

「テッポウムシ予防樹脂フィルム」（500㎖、2648円）。「メイカコート」という名前でも販売されている

キウイフルーツの葉が穴だらけ。どうしたらよいでしょうか？

イエローキウイの受粉樹（孫悟空）に最近虫がついたみたいです。穴が至るところにあいています。どうしたらよいか教えてください。

（7月21日）

コガネムシのしわざです。成虫はコテツフロアブルで防除可能。ただし、幼虫向けのクスリはないので、ニオイの強い植物を植えましょう。

　コガネムシの成虫は葉を網目のように食い荒らします。キウイやブドウについた成虫にはコテツフロアブルが使えますが、コガネムシは5月～10月頃まで長期にわたって飛来してくるので薬剤だけでは万全ではありません。成虫が寄り付かないように網で覆いたいですが、露地の地植えだとなかなか難

タンジー（キク科）。和名は除虫菊。栄養素を多く含むため、果樹園に植えると土を肥やしてくれる

ルー（ミカン科）。別名ヘンルーダ。独特の強い香りが猫や虫除けになる

しい。

また、注意したいのは幼虫です。土中に産みつけられた卵が孵化し、腐葉土や堆肥、根を食べます。若い苗木で幼虫が大量発生すると、根は食害されてなくなり、突然枯れ始めます。

あいにく、コガネムシの幼虫の駆除に使えてキウイを適用作物に含んだ薬剤はありません。農薬取締法上、適用作物ではない植物にその農薬を使用することはできません。

そこで、ハーブのタンジー、ルー、キャットニップ、チャイブや、マリーゴールド、スイセン、ニンニクなどの「コンパニオンプランツ」を近くに植えてみてください。昆虫が嫌がるニオイや、フェロモンに影響を及ぼすニオイなどを出して虫が寄ってこなくなるといわれています。鉢植えなら不織布で株周りを覆って産卵させないのが一番です。

キャットニップ（シソ科）。猫ちゃん大好き!なハッカの香りがする

チャイブ（ユリ科）。ネギよりも繊細な香りで薬味にもなる

ブルーベリーの葉色がとても薄くなり、徐々に黄色みも帯びてきました。他と比べて花が多いような……

2～3週間前、突然葉がいつもと違う状態になってしまいました。緑色がとても薄く、徐々に黄色みも帯びてきました。他のブルーベリーに比べて花の数が多い気がします。（4月26日）

病気ではありません。マグネシウム欠乏による生理障害です。

一見病気に見えますが、クロロシスという現象で、マグネシウムなどの生育に必要な土中のミネラルが欠乏して起こる生理障害です。日照が少なく光合成不足の時や、根から葉へのミネラルの吸収が樹の生長速度に追いつかない時に起こります。葉緑素（クロロフィル）が薄まるので葉色が黄色がかり、葉脈に沿って緑が残ります。光合成ができにくく、栄養不足になって株が衰えるので、樹は子孫を残そうとして花が咲きやすくなります。同じような症状はブドウやバラにも出ます。

ブルーベリーは落葉樹ですが、写真では前年から残った古い葉のようにも見えます。そうであれば取り除いても構いません。今年出た新しい葉にクロロシスが始まった場合は、何もせずと

マグネシウム欠乏でブドウの葉脈が浮き出ている。ウイルスによるモザイク病（えそ病）と間違えやすい

「覚悟してください。たぶんもう、他の液肥は使えません」がキャッチコピー。多木化学製（550mℓ、1098円）

も回復することがあります。心配であれば、葉面から吸収ができる液体肥料などをシャワーしてあげると早く回復します。硫酸マグネシウムを株元にまくのもよいです。

また、ブルーベリーは弱酸性土を好みます。土壌pHが中性～アルカリ性に傾くと土中のミネラルを吸収しにくくなります。ピートモスを土壌に加えて土壌pHを弱酸性に維持するようにしてみてください。

◆

整理整頓された庭先は、多種多様な動植物が入り混じる自然界とは異なり、病害虫が発生すると蔓延し被害が広がります。自然界では植物を食べる昆虫、それを食べるクモや鳥などの天敵、死骸や糞を養分にする植物というサイクルができています。クモは気持ち悪いと退治し、鳥の糞害を嫌がり追い払うと、庭先や畑は病害虫にとっての安全なレストランと化します。

病害虫が発生しにくい環境をつくること、適切な肥培管理で丈夫に育てることを目指したうえで、どうしようもない時は、農薬に頼りましょう。また、楽しみ果樹の場合は近隣や家族の理解が得られれば、多少の病害虫は気にしないという対処法もあります。

病害虫や生理障害、根腐れなどを回避する一番の方法は、こまめな観察です。早期発見、早期治療で農薬の散布や作業が最小限で済む場合もあります。まずは、見る、観る、診ることが大切です。

硫酸マグネシウム肥料「植物の葉緑素にGood Job」（2kg、1758円）

天敵をフルに、薬剤をミニマムに

楽しみすぎ果樹の病害虫対策

埼玉県行田市●宮原恒紀

テントウムシの成虫。アブラムシを捕食中（赤松富仁撮影）

そこそこの収量もほしい

趣味としての果樹栽培は、プロ顔負けの立派な実を収穫してみたいとか、なるべく自然に近い形で栽培し、虫食いだらけでもよいので現場で生かじりしたいとか、各人の好みによっていろいろだと思います。病気や害虫の防除・駆除も各人の考えにより、異なってきます。

なるべく自然にまかせ、花や実を見たり少し味わったりするのが最大の目的であり楽しみですが、だんだん収穫物を釣りやスポーツの仲間へおすそ分けする楽しみも加わってきて、しっかりしたものをそこそこの量収穫したい気持ちもやや強くなっています。そのため、収穫皆無とか、樹が枯れるといったことがないよう、病害虫対策に気をつけるようになってきました。

場所は、埼玉県北部で冬の最低温度がマイナス6℃程度、夏の最高温度が40℃近い環境です。

アブラムシ対策にアリの駆除

ウメ、モモ、スモモ、リンゴ、ナシなどのバラ科の果樹には、アブラムシやイラガなど同じような害虫が発生します。アブラムシは、化成肥料が多いと発生しやすく、少チッソで腐葉土が多い土では出にくいなど、土の管理で抑えられる面がありますが、それでも、ある程度は発生します。

筆者（依田賢吾撮影）

アブラムシは、マラソン、ベニカなどの殺虫剤を散布することにより駆除できます。前者は安価で数日しか効果が持続しませんが、後者は1カ月ほど持続し、人体への影響も少ないとされます。散布の手間、収穫の時期、農薬の値段などを考慮しながら使い分けています。

ただし、アブラムシの場合、ある程度の発生量なら、殺虫剤なしでもテントウムシやカマキリに食べられ、自然に駆除されます。

　また、アリがテントウムシなどを追い払ってアブラムシの増殖を加速させることも多いので、アブラムシ発生付近でのアリの駆除も有効です。アリの列を見かけたら巣ごと駆除しておくと、アブラムシの抑制につながります。

　テントウムシは川の土手などのアブラムシが発生している雑草にいるので、成虫や卵を採取してきて、果樹の枝などに取り付けます。ただ、アブラムシがいなくなるとテントウムシもいなくなるので、安定して定着させるのは難しく、ある程度アブラムシが発生している程度にバランスがとれるよう、農薬を控えていく必要があります。

ケムシ対策にカマキリ

　ケムシも殺虫剤で駆除するのが普通ですが、カマキリは自分の体より大きなケムシでも食べてしまうので、ケムシによる葉の食害もかなり減らしてくれます。

　カマキリは、主に樹の枝に卵を産み付けるので、まだ早春の孵化する前（4月頃まで）に卵を採取してきて果樹の枝に取り付けておきます。初夏に孵化し、アブラムシやケムシ、チョウなどを食べ、秋には卵を産みます。その後毎年、産卵孵化を繰り返し定着してくれます。

　ただ、カマキリの天敵であるカマキリタマゴカツオブシムシに卵を食べられてしまうことがあるので、ときどき孵化しない卵やカツオブシムシに食べられている卵がないかどうかは確認しておく必要があります。

大きなケムシを食べるカマキリ

リンゴ、ナシのグンバイムシ

　グンバイムシは、成虫の体長が3～5㎜、平らで、羽をたたむと軍配のような形をしています。幼虫も成虫も葉裏に寄生し、細長い口で吸汁します。葉表から見ると葉緑素が抜けて白くカスリ状に見え、葉裏には排泄物による黒い斑点状の汚れが付くのが特徴です。見た目が悪いうえに葉の光合成機能がなくなり、生育も悪くなります。

　アブラムシやケムシと違い、グンバイムシには天敵がいないようで、殺虫剤が必須です。スミチオンで簡単に駆除できます。

グンバイムシ（写真提供：中田健）

ナシの赤星病、黒星病

　庭木のカイヅカイブキ（ビャクシン類の樹木）が近くにあると、ナシの葉に直径数㎜の赤い斑点が発生します。

これが赤星病で、常緑のビャクシン類で越冬することで、毎年ほぼ確実に発生します。リンゴでもある程度発生しますが、ナシに比べると被害は少なめです。

新しい葉が開く時に菌が付着すると発生するようで、花が咲く時期と花が終わる時期にジマンダイセンなどの殺菌剤を散布します。これはほぼ必須の作業となります。

なお、夏季せん定や天候の影響で、不定期に枝が伸びてしまった時にも、新梢の葉に赤星病が発生することがあります。この場合は、新芽が伸びる部分に殺菌剤をスポット散布すると抑えられます。

一方、葉や果実に黒い斑点が出る黒星病が散発的に発生することがあります。とくに幸水や豊水など黒星病に弱い品種の生産農家で問題になるようですが、私のところではたまに葉に黒い斑点が発生する程度で、目立った被害を確認していません。多品種接ぎで育てており、枝の多くが洋ナシであって、幸水や豊水の枝の比率が少ないこと、赤星病対策で定期的な消毒をしていることなどが関係しているのかもしれません。

モモの縮葉病、せん孔細菌病

モモ縮葉病は葉が火ぶくれ状になって開く症状です。最初はごく一部で発生するだけですが、放置すると、だんだん多くの葉に広がっていきます。冬季に石灰硫黄合剤を散布するか、冬季から展葉期に殺菌剤を散布します。

せん孔細菌病は、葉や新梢、実に黒い斑点ができ、落葉したり小枝が枯れたりする病気です。近所にモモ栽培農家が多い場合など、風や雨で伝染して広がることが多いようです。一般的には、春や秋に殺菌剤で病気の拡散を防

ナシの葉に発生した赤星病（5月2日撮影）

春の枝に発生したモモのせん孔細菌病。枝の表面が黒ずんで凹む（写真提供：雨宮政揮）

ぎます。

縮葉病もせん孔細菌病も、病原菌が越冬して春に活動を開始するので、発生が予測されるなら、春の展葉期に消毒しておくのも悪くないですが、より大切なことは、日々観察することです。火ぶくれ状の葉（縮葉病）や穴のあいた葉や斑点の出た実（せん孔細菌病）を見つけたら、速やかに取り除き、ゴミとして出すなどの処理をします。

キウイのヨコバイ

キウイの新梢の伸びが落ち着いてきた頃、葉の裏にヨコバイが発生します。数が少ないとあまり問題になりませんが、放っておくとだんだん数が増え、葉がどんどん食害されて白っぽくなってきます。そうなると葉の役目を果たせなくなり、実が軟弱になったり甘みが入らなくなったりして、最悪樹が枯れてしまいます。

発生状態や時期にもよりますが、頻繁に発生するなら、ベニカなど長期間有効な殺虫剤を使用するのがよいと思います。

キウイの葉裏に発生したヨコバイ

イチジクなどのカミキリムシ

カミキリムシは、イチジクやその仲間のクワが好きで、幹をかじったあとに卵を産み付けます。卵は、孵化すると同時に幹の表皮のあたりを食い進み、そのうち幹に穴をあけて食い進むようになります。

下の写真は、イチジクの幹からカミキリムシの幼虫による虫糞が出ているようすです。イチジクだけでなくリンゴやナシ、カンキツ、スモモなど各種果樹に卵を産み付け、幼虫が幹に穴をあけます。幹に幼虫がいる兆候を見つけたら、患部を削って穴の中にカミキリムシ対策用の薬剤を注入して駆除します。ときどき幹が枯れるなど大きな被害が発生するので、カミキリムシの駆除はとても重要です。

なるべく早く幼虫を駆除するのが大切ですが、当然ながら、卵を産み付けられないようにするのが最善です。現状、成虫駆除に効果が大きいバイオリサ・カミキリが有効のように思います。

これは伝染性の細菌を利用した駆除剤で、成虫が活動する5～10月（とくに多いのは5～7月）に樹の幹や枝に有用菌が付着した短冊状の紙を巻いてホチキス留めしておきます。成虫がこれに触れると有用菌に感染し、1～2週間で硬直死します。樹から脱出直後の雌成虫が感染すると卵を産み付ける前に死滅するので、幼虫による幹の食害を防ぐことができます。

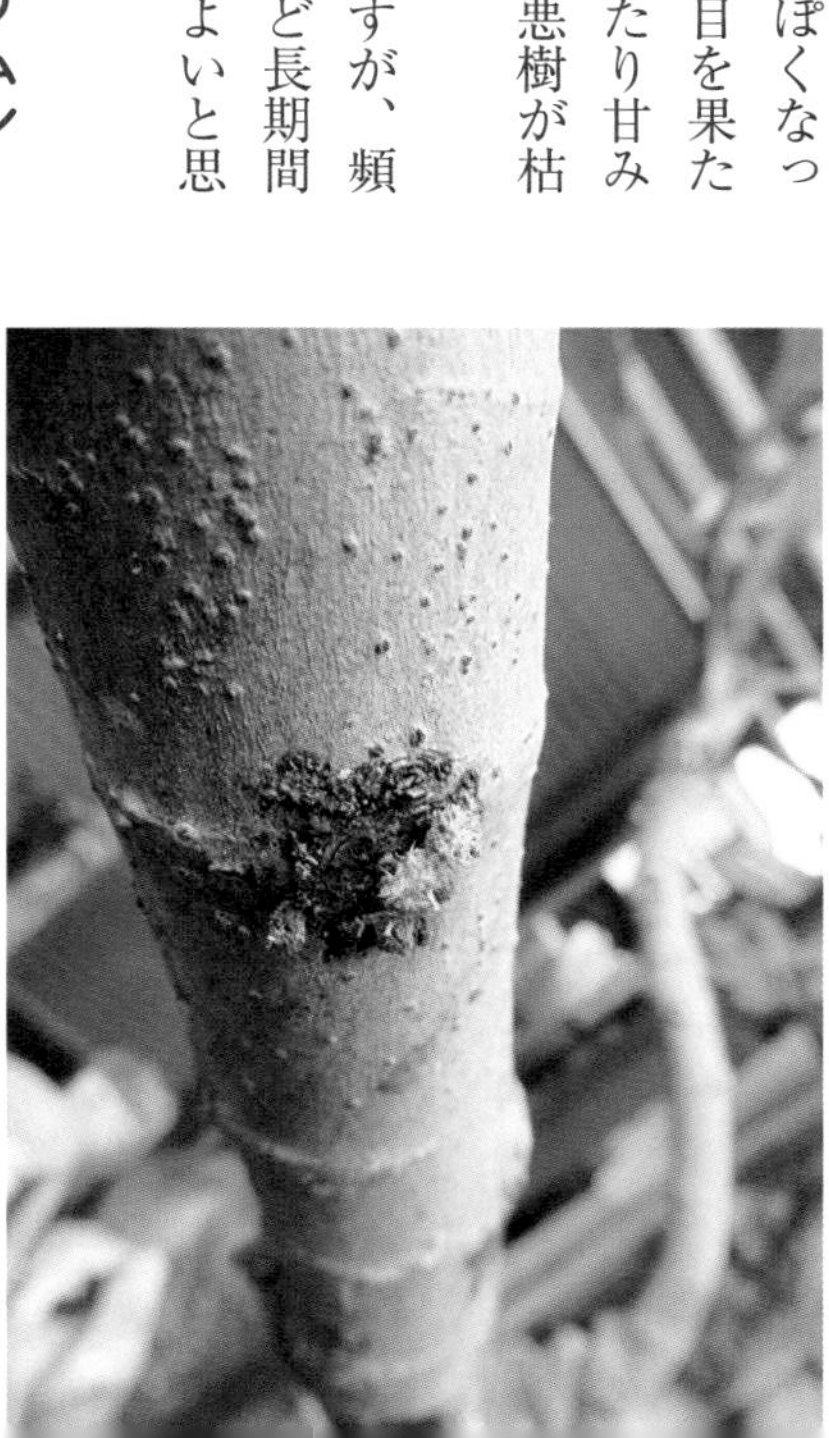

イチジクの幹に見えるカミキリムシの幼虫の虫糞

カキのヘタムシ

カキの実がある程度大きくなってきた頃、年によって異常に落果することがあります。天候などによる生理落果が原因の場合もありますが、ヘタの部分を切ってみて、虫が入っているようならヘタムシが原因です。発生はおおむね年2回で、①5月中旬～6月中旬と②7月中旬～8月中旬です。①の場合は落果が多発します。②の場合、数は多くありませんが、収穫前の致命的な落果となります。

殺虫剤は、開花後10日頃（まだヘタムシが実に食い入らない時期）が適当で、スミチオンやオルトランなどを散布します。

また、冬にはうろこ状になった皮を剥いで（粗皮削り）、ヘタムシの越冬場所をなくしておく必要があります。

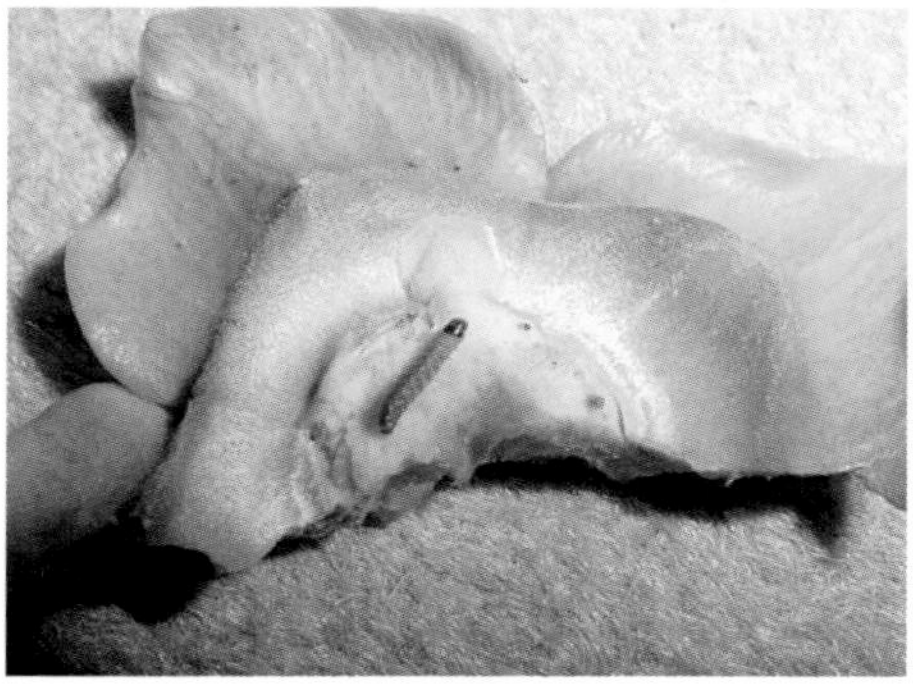

カキのヘタムシ（6月26日撮影）。この段階になると薬剤防除は困難

ブドウの病気対策

ブドウは、病虫害（とくに病気）にかなり弱い部類の果物です。露地での放任栽培は不可能といってよいほどいろいろな病害虫が発生します。とくに、雨の多い日本では、病気により果実が腐敗し（晩腐病）、極早生品種以外、収穫ができない状態になることが珍しくありません。

そこで、雨による病気多発を避けるため、駐車場部分にポリカーボネートの波板の屋根を付け、雨除け栽培をしています。

これにより、黒とう病や晩腐病といった、雨による病気は多発しなくなりましたが、うどん粉病が目立つようになっています。トリフミンなど、うどん粉病対策用の殺菌剤を展葉期から幼果期まで散布しています。

私が庭や畑で使用している薬剤

カンキツ類のカイガラムシ

カンキツ類は、通常の病気に比較的強く、ケムシ類の発生も少ないですが、カイガラムシ（とくにヤノネカイガラムシ）が大量発生し、葉や小枝が衰弱して、最悪の場合、樹全体を枯らすことがあります。普段から葉のようすなどを観察し、マシン油を散布して駆除することが大切です。なお、散布は冬でも夏でも可能ですが、時期によって薬剤の濃度が違います。説明書を参考に、冬は濃く、夏は薄めにするよう注意が必要です。

多品目の果樹栽培

防除は共通で使える農薬で

長野県飯田市●上野真司

将来の導入果樹を探る

２００５年に長野県飯田市下久堅地区にIターン就農しました。

自宅の周りの畑は、山間のため傾斜がきつく、土手が広いという典型的な条件不利地域です。運搬車が入れる畑には市田柿の苗木を植えたのですが、そうでない畑や土手には、新たな経営品目の研究と練習のため、また、食卓が豊かになるようにといろいろな果樹を植えて栽培に挑戦してきました。

これまでにリンゴ、モモ、ブドウ、スモモ、ブルーベリー、サンショウ、クリ、カリン、キウイ、ビワ、イチジク、ユズなどを植えました。

面倒な防除は共通の農薬で

研究を兼ねているので、ビワやユズが寒さで枯れてしまうなど、失敗もたくさんあります。中でも多いのが病害虫による被害です。

クリやサンショウ、カリンは、シンクイムシに苗木を食べられてしまい、現在残っているのはそれぞれ1本ずつ。リンゴとモモにいたっては収穫前にほとんど落ちてしまい、１００個袋掛けしても食べられたのは3個だけということもありました。

しっかり防除すれば被害を減らすことはできるはずですが、庭先果樹の農薬散布はどうしても後回しになりがちで、カキの消毒をする際に、その農薬に適合があればついでに散布するといった程度でした。それでは、リンゴやモモはちゃんと収穫できなかったというわけです。

そこで現在では、あまり消毒や管理作業の必要ないブドウやウメ、スモモ、クリ、カリン、ブルーベリー、キウイがメインとなっています。そして、多くの樹種に共通して使える農薬を用意しておくと、ついで防除に便利です。たとえば、石灰硫黄合剤など「果樹類」で登録がある農薬なら、どんな樹種にも使えます。また、スプレーオイル（マシン油乳剤）やICボルドー（銅水和剤）など、有機JASでも使える農薬は適用が広いようです。一般的な殺虫剤では、モスピランなどが比較的さまざまな果樹に使えます（表）。

筆者と子どもたち。ブドウの品種はスチューベン。栽培しやすいだけでなく、実をならせたまま畑に1カ月以上おいて長く楽しめる

育てやすいのはロングセラー品種

手をかけずに育てるには、品種選びも大切です。当初は、おいしそうな品

種やめずらしい品種を選んで植えていましたが、収穫まで結びつかない果樹も多かったので、最近は、昔から栽培されているロングセラー品種を選ぶようにしています。ブドウが最初からうまくいったのは、「スチューベン」という品種の栽培のしやすさもあったようです。

ブルーベリーは15品種ほど畑に植えたのですが、モグラや干ばつの被害で生育が停滞したり、枯死するなどさんざんな状況でした。なんとか育ったのは「アーリーブルー」「ビッグエチョータ」「ブルーレイ」「ブリジッタ」の4品種だけ。どの品種も昔からあるハイブッシュ系のつくりやすい品種です。

また、ブルーベリーは植え付け3年目に、生き残った株をコンテナに植え替えたところ、かん水もしやすくなり、モグラの被害もなくなり、順調に生長するようになりました。

暮らしを豊かにする庭先果樹

果物の収穫は主に子どもたちがやってくれます。ブドウやスモモはたくさんとれるため、ご近所にお裾分けします。クリは栗ご飯や甘露煮を満喫して、さらに余れば茹でてから皮を剥き、潰して冷凍保存しておきます。モンブランの材料にしたり、クレープの具材に使ったりします。ブルーベリーもとれすぎた分は袋に入れて冷凍保存します。ジャムにすれば常温で保存できますが、冷凍しておいて、食べる時に加工したほうが、風味のあるおいしいジャムに仕上がります。ウメやカリンはシロップ漬けや梅干しに。クエン酸たっぷりの梅シロップは農作業中のジュースに最適です。おかげで、自販機でジュースを買うこともありません。

さらに、果樹を植えておけば、ムダだと思える草刈り作業も、少しは意味のある仕事に変わってくれます。日本は雨が多く温暖で、自然の再生能力が高いため、土手や空き農地は年に2〜3回は草刈りしないと、あっという間に雑木が生い茂ってしまいます。放っておけばどんどんヤブ化してしまう土地に果樹を植えて、その自然の力をうまく利用すれば、暮らしが豊かになります。そう思いながら、わが家ではいろいろな果樹を楽しみながら栽培しています。

モスピランの果樹類への登録

（上野家の品目を抜粋）

	アザミウマ類	アブラムシ類	カイガラムシ類	カメムシ類	シンクイムシ類	その他
カキ	●		●	●		カキノヒメヨコバイ カキノヘタムシガ
ブドウ	●		●			コガネムシ類成虫 ツマグロアオカスミカメ トビイロイラガ フタテンヒメヨコバイ ブドウトラカミキリ
ウメ		●	●			ケシキスイ類 ノコメトガリキリガ
スモモ		●	●		●	
クリ		●	●			クリシギゾウムシ クリミガ モモノゴマダラノメイガ
カリン						ナシヒメシンクイ
ブルーベリー						オウトウショウジョウバエ
キウイフルーツ			●			キウイヒメヨコバイ

果樹では他にアケビやアセロラ、イチジク、オウトウ、カンキツ、サルナシ、サンショウ、ナシ、ネクタリン、パッションフルーツ、ビワ、マンゴー、モモ、リンゴにも登録がある
ちなみに、石灰硫黄合剤は「果樹類」のサビダニ類とハダニ類の他、カキのうどんこ病や黒星病、ウメの縮葉病、クリの胴枯病とカイガラムシ類、スモモのふくろみ病などに登録がある

満開のスモモ（ソルダム）。10年間ケムシなし

成虫が産卵しなくなった
アグロスリンでケムシなし

茨城県下妻市●飯村省一

スモモとブルーベリーを子どもたちのおやつにと植えて、35年になります。今ではキウイ、ブドウ、イチジク、カキ、カンキツ類などが加わり、8種類の果樹を「お楽しみくだもの」として栽培しています。今回、これまでの経験をもとに、殺虫剤としてとくに使い勝手のよいピレスロイド系のアグロスリンを中心に紹介します。

ケムシがいなくなった!?

20年ほど前に、市内の種苗店で安全で使いやすい殺虫剤として勧められたのがアグロスリンでした。筆者が果樹の害虫駆除で使用しているうちに、それまでよく発生していたオビカレハやアメリカシロヒトリを見かけなくなりました。

これらは枝の又の部分などに白いネット状の巣をつくり、塊になって発生するケムシです。毒はないものの4齢以降に成長すると、樹全体に広がってしまい本当に厄介です。

若齢幼虫の頃は集団生活するので、以前は竹の棒の先に灯油を含ませた布を巻き、火で焼き殺したりしていました。ところが、アグロスリンを使うようになって、いつの間にかケムシがいなくなったのです。天候の関係かとも思いましたが、隣の庭木には毎年発生しています。不思議に思い、アグロスリンの使用注意を読んでみると、説明の中に「特異な成虫の産卵忌避・抑制作用」の記載を見つけ、納得がいった記憶があります。

筆者。今年も貴陽がたくさん結実した

アグロスリンは発生した害虫を駆除するだけではなく、成虫に産卵を忌避させるという、害虫防除にはもってこいの殺虫剤でした。果樹類にケムシが発生しない状態は現在も続いていて、ケムシ嫌いにはなんともありがたい殺虫剤です。

ピレスロイド系殺虫剤とは

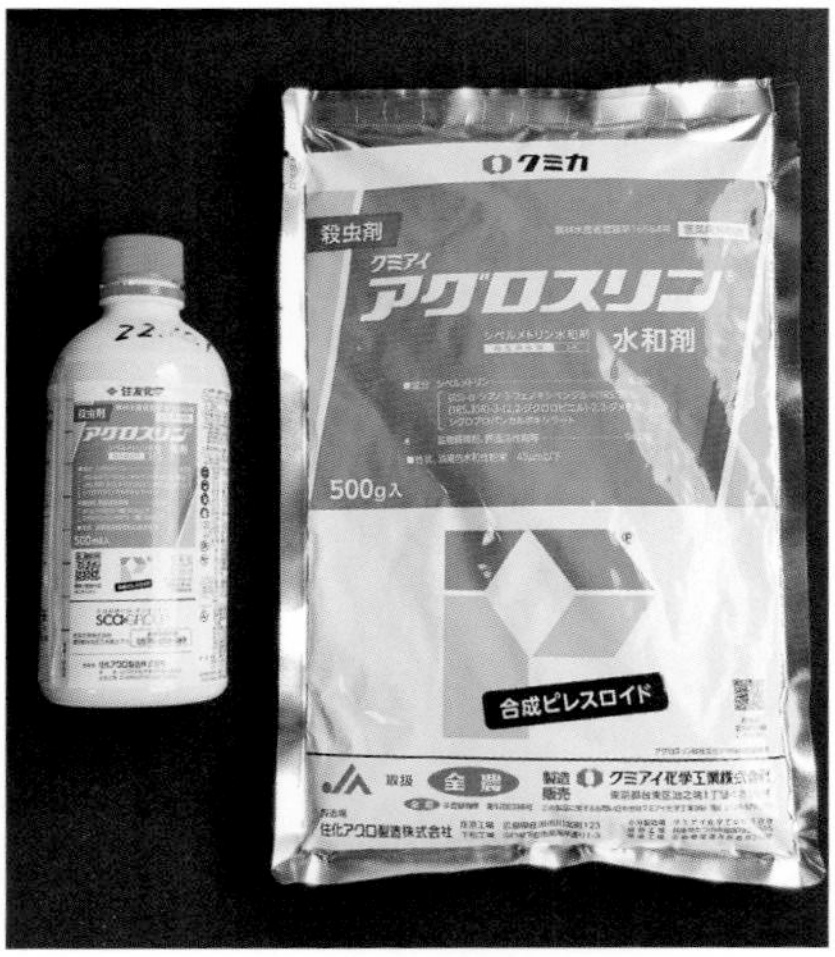

アグロスリン。水和剤と乳剤では登録のとれている樹種が違うので注意

アグロスリンはピレスロイド系の殺虫剤です。これは、植物の除虫菊から取り出されたピレトリンという殺虫成分に由来し、現在は合成したピレトリン系薬剤（合ピレ剤）として多様な殺虫剤がつくられています。

アグロスリン、トレボンなどはよく使われているピレスロイド系殺虫剤で、ほかに家庭用の蚊取り線香や、蚊・ハエ・ゴキブリなどの駆除に使われるスプレーもピレスロイド系殺虫剤です。これらは哺乳類、鳥類など一定の体温を保つ恒温動物にはほとんど作用せず、昆虫、魚類などの変温動物に顕著な効果を発揮するとされています。

アグロスリンは二刀流

アグロスリン水和剤（乳剤の果樹使用は限定的で注意）の使用対象は幅広く、果樹類、野菜類の多くを網羅しています。かつ使用時期では短いものだと収穫1日前という作物もあるように、安全性が高く使い勝手のよい農薬です。害虫に対しては強力な駆除効果を持つと同時に、幼虫が駆除されたあとも成虫（ガなど）の産卵抑制の効果を長期間持続する特性を持っています。結果的に農薬の使用回数を減らせるという使う側にはメリットの多い農薬だと考えます。

筆者は、アグロスリンを殺菌剤のトップジンと混用して、多くの果樹の新芽の展開時期に基礎防除として使っています。

たとえば、4月中旬にキウイの新芽が出る頃、キクビスカシバの幼虫が孵化するタイミングでの防除は必須です。また、6〜7月のスモモの新梢につくアブラムシや、7月頃のブドウのコガネムシ駆除にも殺菌剤を混用して使っています（ハダニもいなくなる）。

家庭果樹でも必須の農薬使用例

アグロスリンの他に、果樹のピンポイントの農薬使用（栽培上重大な障害になりかねない事例）を2つ紹介します。

まず、ブドウのトラカミキリ対策のトラサイドです。トラカミキリの越冬幼虫は結果母枝の節の表皮の下にいて、新梢が伸びてくると突然だらんと萎れてしまいます。トラサイドの有効成分であるマラソンには浸透移行性があるので、発芽前に薬剤散布して越冬幼虫を駆除します。

もう一つは、スモモ（とくにソルダム）のふくろみ病対策です。発芽後から開花期にかけての雨で病原菌が感染し、結実後の果実が長く袋のように伸びる病気です。発生後に防除しても効果がないので、休眠期の2月に石灰硫黄合剤を散布します。実施しないとほぼ確実に発病します。

農薬を詳しく知ろうとすると、使用対象作物・病害虫に細かな規制が設けられていることに驚きます。家庭用の楽しみ果樹といえど、注意書きに十分留意して使うことをおすすめします。

万能ペットボトル捕虫器

千葉県いすみ市●片岡 尉

▼切り口に害虫を落とし込む

太平洋に面した千葉県外房のいすみ市でブルーベリーを60a、約1000本栽培し、三十数年が経ちました。

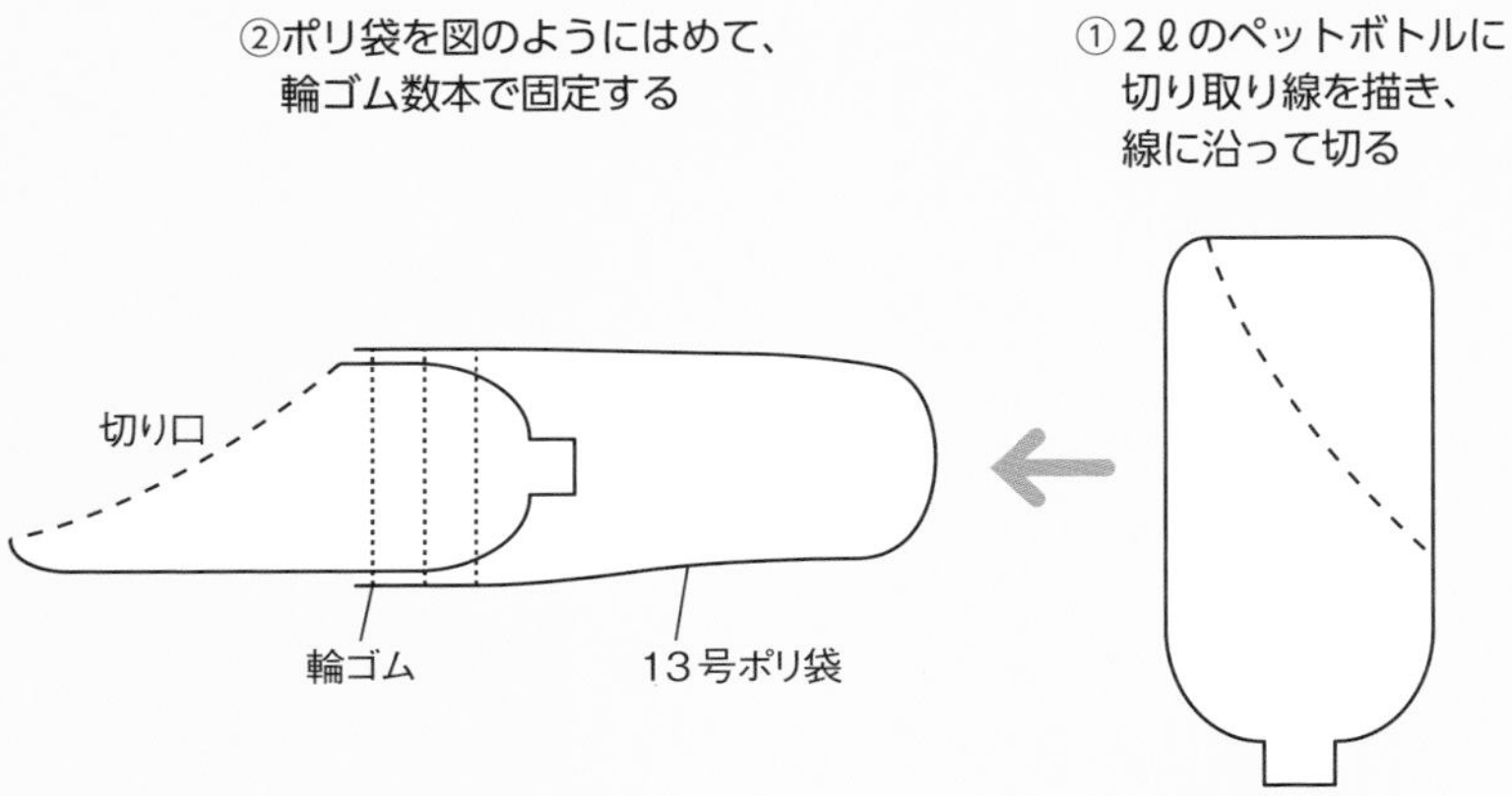
①2ℓのペットボトルに
切り取り線を描き、
線に沿って切る
②ポリ袋を図のようにはめて、
輪ゴム数本で固定する
切り口
輪ゴム
13号ポリ袋

無農薬なので害虫・益虫を問わず、春から秋まで多種多様な虫たちが活躍してくれます。

十数年前にペットボトルを見て、捕虫器として使えそうだと思い工夫をしてみました。

つくり方は作図の通りです。大きな切り口を上向きに使って害虫をボトルの口からポリ袋に落とし込むと、虫は出てこられないので、終了後、袋ごと外して焼殺します。

▼発生初期、早朝に捕獲

4～5月の黒ケムシ（マイマイガ幼虫）は樹の幹にいるうちに捕ります。5～7月のアオムシ、ハマキムシは葉の下に切り口を差し出してはたき落とします。

6～7月はコガネムシ、果実や若葉を団体で食害します。早朝に団体の下にそーっと切り口を差し出して、ポンとはたき落とします。コガネムシは幼虫が根を食害する困りものです。

7～8月はイラガの幼虫が増えます。若齢幼虫のうちに見つけると、1枚の葉裏に団体でいるので、葉ごと捕って捕虫器に放り込みます。

8～10月はミノムシ、早めに捕りましょう。

園を見回る時にはつねに捕虫器を持ち、発生の初期に捕殺すること。また、早朝の時間が効率よく捕虫できます。

幹にいる虫は下から切り口でこすり落として捕獲する

えひめAI・木酢をじゃんじゃん散布

岡山県津山市●大𡋽《おおさこ》 毅

▼手間いらずで実がなる果樹を

わが家の果樹の種類は、カキ、スモモ、モモ、グミ、ミカン、夏ミカン、ハッサク、サクランボ、ユズ、獅子ユズ、一才ユズ、クリ、ビワ、キウイフルーツ、ウメ。あまり肥培管理がいらず、放置してもある程度の収穫が期待できるものを中心に植栽した。

▼えひめAIと木酢で樹を元気に

家庭で食べるものなので、多少見栄えは悪くても薬剤はできるだけ使わないようにしている。一年を通してえひめＡＩの５００～８００倍液を葉面散布し樹木を元気にする。

また、農閑期を利用して2～3月には樹から滴り落ちる程度に木酢液をまく。私の考えでは、木酢には殺菌と虫の予防効果があると思う。アリが出ればアブラムシも出るので、木酢液を地面にも噴霧しアリを樹に登らせない。

とくにモモはアブラムシやチョウ類の幼虫がつきやすいので、1月から木酢液を使用し虫がついたらできるだけ手で取る。

春以降も、アブラムシ類が発生した果樹には5～10倍に希釈した木酢液をかけ、虫がいなくなるまで繰り返す。

◇

現在は冬場のせん定に力を入れている。すべての枝葉に陽光が当たることが基本である。樹木は元気になり病気や虫もつきにくくなる。

イチジクのショウジョウバエはお尻をバーナーで焼いて激減

福岡県嘉麻市●川原田真弓

イチジクをハウスで15a栽培しています。ショウジョウバエに入られたイチジクは酸っぱいニオイがして食べられません。

4年前にショウジョウバエが多量に発生したときは薬剤を使いましたが、薬剤を使わず退治できないものかと思い、友人からのアドバイスでガスバーナーを使用するようになりました。

発生源となるのは熟しすぎた実。これを処分する前に、実の下からそーっと近づいて勢いよくバーナーで数秒燃やします。その後薬剤を1度もかけることなくショウジョウバエは気にならなくなりました！　年々発生は少なくなり、昨年はガスバーナーを使用する回数が3、4回で済みました。

その他、虫対策としてハウスの中の雑草を手で取り除き、きれいな状態を日頃から心掛けています。

開口部に集まるショウジョウバエをサッとあぶる

樹上完熟の味を堪能できる

アボカド 鉢植え栽培のすすめ

静岡県牧之原市●谷口恵世《しげよ》

鉢で育てて庭先で本当の味を楽しもう

「美容にいい」に心魅かれた

こんにちは！　エレガントファーマーのSHIGEYO（しげよ）です。静岡県牧之原市で生まれ、大学卒業後に帰郷し、実家の農業を継ぎました。現在は、16haの田畑で、お茶、レタス、トウモロコシ、ミカン（露地とハウス）、水稲、オクラ、サツマイモなどを栽培する㈱大石農園の代表取締役です。

多角経営をつねに心掛けていて、さらに新しい品目を考えていた時、アボカドに興味を持つようになりました。コレステロールを低下させる不飽和脂肪酸や抗酸化作用のあるビタミンEなどを豊富に含み、美容や健康によいといわれるアボカドは美容オタクな私にぴったりの果樹かも。そんな女性農業者の視点から、アボカド栽培に着目したのが5年前になります。

筆者。日々の生長には癒しを感じる

ハワイでは庭先の楽しみ果樹

ちょうどその頃、第1回アボカドサミットが愛媛県で開催されると聞きすぐに参加。日本のアボカド栽培の第一人者である米本仁巳先生と出会い、その後のハワイへの視察研修にも迷わず同行させてもらいました。

ハワイでは、結婚して新たに家を構

える時に植えたりするそうで、多種多様なアボカドが農園だけでなく庭先にも植えられていました。樹上でしっかり成熟させたアボカドはすばらしいおいしさで、それが日頃の食卓に並ぶハワイの方の健康的なライフスタイルにも憧れました。

日本に帰り、自分でもこのスペシャルなフルーツを栽培したいと、放棄茶園を活用してハウス9a、露地40aで栽培を始めました。米本先生にアドバイスもいただきながら、苗木作りから果実収穫まで栽培経験を重ね、昨年より、まだわずかですが果実も販売できるようになり、自分の体験を生かして、関心のある方には栽培アドバイスも行ない、研究会も立ち上げました。

収穫したピンカートン。輸入アボカドと違い、樹上で十分成熟させたアボカドは食感滑らかで甘みもある

輸入品とは違う樹上成熟の味

アボカドは「森のバター」「食べる美容液」といわれるほど栄養価が高く、世界中で消費が拡大しています。国内でも消費が増えましたが、ほとんどメキシコ産で、国産アボカドは高級品扱いです。

輸入アボカドは、輸送の関係で未成熟のものが販売されます。自家用栽培なら樹上で十分成熟させることができ、油分率が高くなって、味が濃厚でクリーミー。まるでクリやカボチャのような甘みさえあり、輸入品とは大違い。また、品種は１０００種類以上あるといわれ、味も外観もさまざま。樹の見た目も特徴的で観葉植物としても楽しめます。

鉢植え栽培。管理がしやすく自家用栽培にはおすすめ。品種はハス（黒澤義教撮影、以下K）

タネからでも育てられますが、果実の収穫までに最短でも7年はかかってしまいます。そこで、自家用栽培には、接ぎ木した苗木の鉢植えをおすすめします。最短2年で収穫可能なうえ、室内に移動させられるので、栽培上の課題となる冬の寒さから樹を守りやすい。日に当てたり、遮光したりといった管理や温度調整、害虫対策も容易です。鉢の中で育つため、根の生育が制限され、大木になることもありません。空いた育苗ハウスや軒先で自家用に育てて楽しむにはいい栽培法です。

栽培中の一喜一憂も楽しい

アボカドの果実は落果しやすく、収穫までの管理はたいへんなところもありますが、最後まで樹上に無事に残った果実を収穫できた時は、ふっと胸をなでおろす安心感でいっぱい。その喜びは、ここまでよく頑張ったねと思わず樹に声をかけてしまうほどです。

収穫までの間も、植え替えた苗から新芽が出た時、花芽が着いてふっくら膨らみ始めた時、星のような形の小さな花が開花した時、小豆大の果実が初めてついた時、とドラマだらけです。

一方で、やっと大きくなった果実が温度や湿度などの変化による生育ストレスでポトリと落果した時や冬の寒波で樹が枯れてしまった時などはかなりショックです。鉢植えにすることで、そうした被害を減らせますが、水切れや肥料切れの影響が出やすかったり、生育に合わせて大きな鉢への植え替え作業が必要になったりもします。

初心者にも安心な3品種

鉢植え栽培にこれから挑戦してみようという方におすすめの品種を3つ紹介します。

アボカドの品種にはメキシコ系、グアテマラ系、西インド諸島系の大きく3系統があり、それぞれ耐寒性が異な

ベーコン
(メキシコ系とグアテマラ系の交雑種)

皮：深緑色。ツルツルで薄い
耐寒性：強い（－5℃）
耐暑性：ある
収穫：12月～
味：油分率は普通で甘みを感じる。舌触りも滑らか

メキシコーラ
(メキシコ系)

皮：熟すと黒紫色になる。完熟がわかりやすい。ツルツルで皮ごと食べられるくらい非常に薄い
耐寒性：強い（－7℃）
耐暑性：ある
収穫：9月末～
味：油分率が高く味が濃厚。食感はつるんとしている

ピンカートン
(グアテマラ系)

皮：緑色。表面がデコボコしている
耐寒性：中程度（－3℃）
収穫：1月～
味：油分率が高く甘みがある。味が濃厚でクリーミー

ります。また、亜熱帯の果樹でいずれも耐暑性は強いほうですが、昨今の日本の夏はさすがに暑すぎで、35℃以上になると開花と結実が悪くなるなど悪影響が出やすい。

　その点、ベーコンとメキシコーラは耐暑性と耐寒性に優れているので育てやすい。ピンカートンは他の2つより耐寒性は少し劣りますが、早くから着果しやすい（最短で植え付け1年目から）。油分率も高く、味もナッティー（ナッツのようなコクと甘み）です。

アボカドの花。4～6月にたくさんの花が開くが、受粉のタイミングが合わず着果できない花も多い（K）

花は2度開く。2つの開花タイプを知っておこう

雌と雄の器官が別々に動く

　アボカドの花は両性花といって、1つの花の中に雌と雄の両方の器官を持っています。雌の器官は柱頭、花柱、子房があり、柱頭に花粉がつくと受精します。雄の器官にはやくがあり、花粉を放出します。

　また、それぞれの器官が成熟して活動するタイミングが異なる、雌雄異熟の性質を持っています。花の振る舞いも変わっていて、開いた後に1度閉じ、しばらくしてからもう1度開きます。

　最初の開花では、必ず雌の器官が活動し、柱頭が伸びて花粉を受け入れようとします。開花は2～4時間ほど続きます。2度目の開花はその翌日。今度は雄の器官が活動して、おしべから花粉が放出されます。数時間、開花を続けると、また花を閉じ、その後その花が開くことはありません。

　ハチなどの虫が花粉を体に付けて飛び回り、雌の器官が動いているタイミングで柱頭に受粉できれば着果となります。

雌の器官が動くのが　午前＝Aタイプ　午後＝Bタイプ

　開花、つまり雌と雄の器官が動き出すタイミングは品種によって異なり、2つの開花タイプに分かれます。

　Aタイプと呼ばれる品種は、午前中に1度目の開花、翌日の午後に2度目の開花が起こります。Bタイプと呼ばれる品種は、1度目の開花は午後で、翌日の午前中に2度目の開花が起こります。

　たとえば、先ほど紹介したおすすめの3品種の場合、メキシコーラとピンカートンがAタイプ、ベーコンがBタイプになります。

2タイプを一緒に育てるとベスト

　2つの開花タイプの品種を一緒に栽培すると、より受粉が効率よく行なわれるとされています。Aタイプの雌の

1つの花に雌と雄の器官

1度目の開花。雌の器官が動き出し、柱頭が伸びる。柱頭に他の花の花粉が付けば受精できる（K）

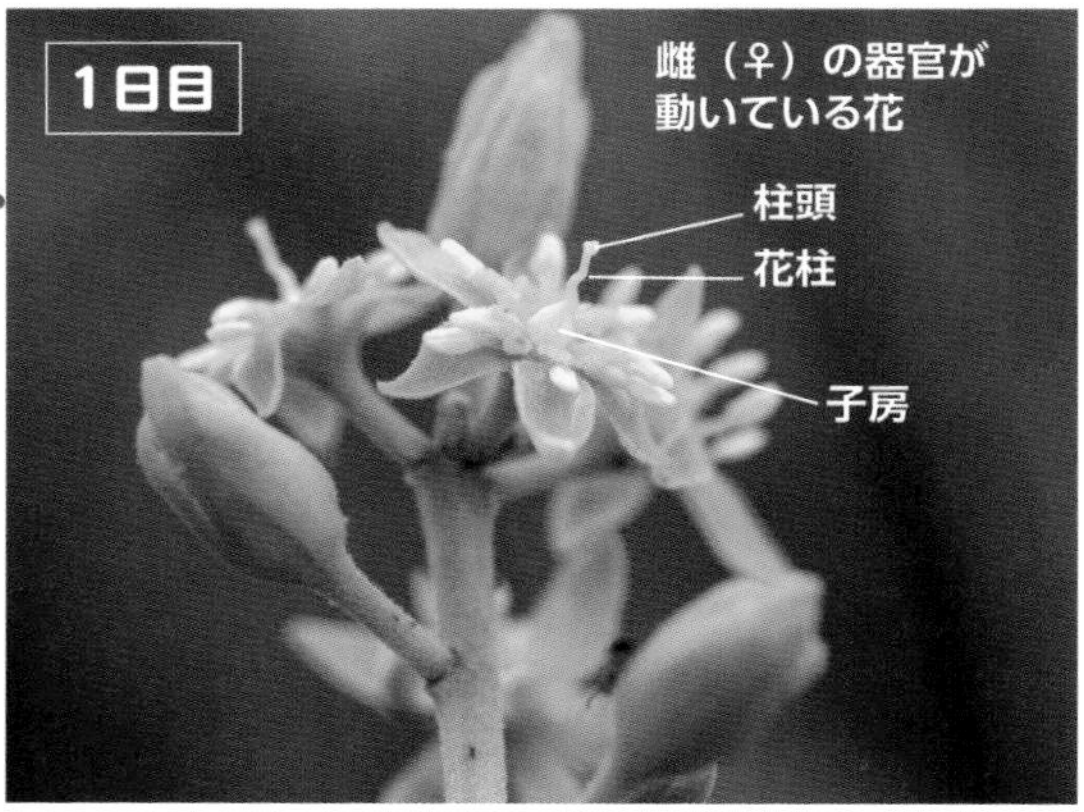

2度目の開花。雄の器官が動き出し、花粉が放出される。柱頭は縮んで受精の機能を失っており、自家受粉（同じ花の花粉で受粉すること）はできない（K）

2つの開花タイプ

		Aタイプ	Bタイプ
1日目	午前	開花（♀）	
	午後		開花（♀）
2日目	午前		開花（♂）
	午後	開花（♂）	

2タイプを一緒に育てて受粉率アップ

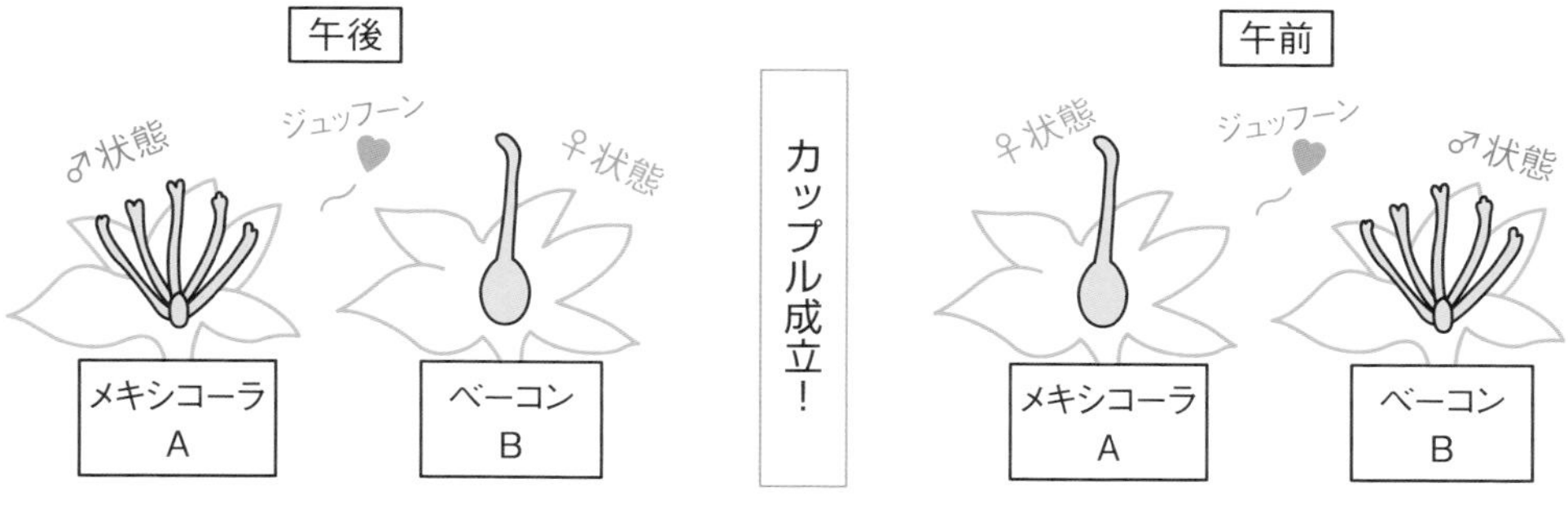

主な品種と開花タイプ

品種名	開花タイプ	開花時期
ピンカートン	A	3月末～5月末
メキシコーラ	A	3月末～5月中旬
フェルテ	B	4月初旬～5月末
ベーコン	B	4月中旬～5月中旬
ハス	A	4月末～5月中旬

※表は静岡県の露地栽培、冬の最低気温2℃の場合。気温や樹の生育状況で開花の時期や期間は変わることも多い。加温ハウス、無加温ハウスで育てるとさらに1～3カ月早まる

※接ぎ木苗の場合、台木はベーコンやズタノ、メキシコーラ、デュークといった耐寒性の強い品種のものが育てやすい

アボカドの鉢植え栽培　年間の流れ

	1月	2月	3月	4月	5月	6月	7月	8月	9月	10月	11月	12月
生育状態					新芽の伸長（年2回）							
				開花・着果			生理落果					
							果実の肥大					
水やり	控えめ		鉢土が乾いたらたっぷり									控えめ
肥料				固形肥料（2カ月に1回程度）								
					液肥（こまめに）							
その他の作業			植え付け（鉢植えは春から秋まで可能）							誘引・枝吊り		
	収穫			受粉					収穫（品種によって期間は異なる）			

※露地に地植えの場合の植え付けは春と秋のみ

器官が動く午前中に、Bタイプの雄の器官から放出された花粉を受粉させられるからです。虫が花粉を運ぶ虫媒でも、あるいは人が手で行なう人工受粉でも着果しやすくなります。

ベーコンにメキシコーラが組み合わされば、どちらも耐寒性の強いカップル。ピンカートンにベーコンが組み合わされば早い時期から着果が期待できるカップル。２つの開花タイプを一緒に育ててやると、アボカドにとって「恋愛成就の近道」になるといえます。

ただし、片方の開花タイプだけを育てても、花は次々と咲くので、うまく人工受粉ができれば着果させることはできます。そのやり方については、99ページで詳しく紹介します。

植え付け——通気性のいい培土に慎重に

移動しやすいサイズの鉢に植える

まずは苗木の植え付けです。

鉢に植え付けたアボカド苗。植え付け後は軒先など半日陰に置いて管理する（K）

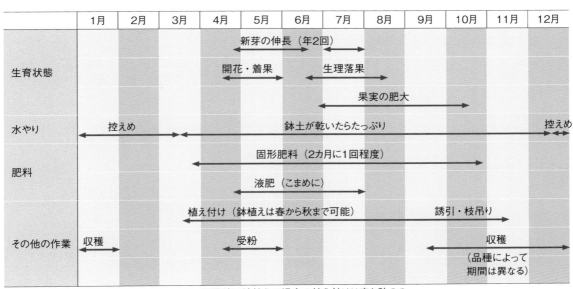

植え付けのやり方

培土の準備

市販の培養土は、バーク堆肥、ヤシガラ、赤玉土、鹿沼土、黒玉土、ピートモス、パーライト、軽石などが混合されている（K）

1 底に水が溜まるのを防ぎ、通気性をよくするため、最初に鉢底石、モミガラを入れる（K）

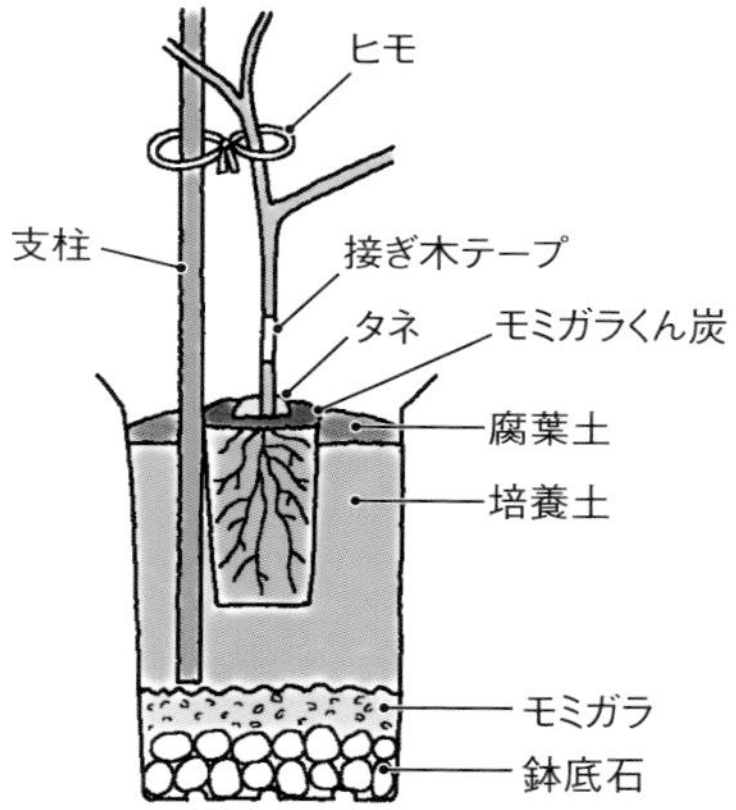

育苗ポットに入った苗木を大きな鉢に植え替えます。私は、初めから30ℓくらいの大きな鉢に植え付けていますが、自分用の楽しみ果樹としてなら、10号鉢（8・4ℓ）以上で移動しやすい大きさのものを選ぶといいでしょう。移動できれば、季節に応じて、寒さや暑さ、風などからも守りやすくなります。

水はけのよさがとても大事

アボカドの根は水はけのよい環境を好むので培土選びが重要です。私は山土にピートモス、パーライト、苦土セルカを混ぜたものを使っていますが、楽しみ果樹用は土の量も少ないので、ホームセンターなどで販売されている草花・球根用の培養土がおすすめ。緩効性肥料も配合されたものが多いですが、それで構いません。さらに鉢底石、モミガラ、モミガラくん炭も組み合わせて、初めから最適な環境を用意します。それが、その後の安定した生育につながります。

なお、水はけがよい培土は、水切れもしやすいので注意。とくに夏場のかん水が大事で、この時期に水を切らす

2 アボカド苗のポットは長い。ポットを外す時は横に寝かせて手で軽く叩いたり、揉んだりして土をゆるませる（K）

注意　根鉢を崩さないようとにかく慎重に

3 土がゆるんだら、株元を人差し指と中指で押さえながらポットを逆さにして、優しく苗木を抜き出す。あるいはカッターナイフでポットの底を切ってから培土の上に置き、そのあと側面を切り取ってもOK。カッターナイフで根を切らないように注意する（K）

注意　培土を鉢いっぱいまで入れない。水やりで水があふれないよう、上部を２～３㎝あける

4 鉢に苗を置き、培養土を入れていく。深植えを避けるため、苗の株元が 2㎝ほど見えるくらいに入れる。培土を軽く押さえたら、あとは腐葉土で株元まで覆う（K）

と、葉が一気に日焼けしたようになって枯れ落ちてしまうことがあります。

新芽が動いている苗は避ける

鉢植えの場合は春から秋まで植え付けが可能です。ただし、苗木の新芽がよく動いている時は、新しい細根も動いているので、植え替えはおすすめできません。新芽の動きが落ち着いて、葉が少し硬化するまで待ってから植え替えましょう。気温も20～30℃が最適です。

そもそもアボカドは根が弱く、植え替えを好まない植物です。根鉢が崩れたり、根が切れたりすると活着が悪くなったり、ひどいと枯れてしまったりすることもあるので、植え付けは丁寧に慎重に行なうことが大切です。

※筆者が代表を務める「toropicocktail㈱」にて、アボカドの苗木を販売しています。また、アボカド研究会の会員も募集しております。詳しくはホームページをご覧ください。お問い合わせはメールにてお願いします。
ホームページ　https://toropico.jp
メール　elefar.55@gmail.com

5 株元をモミガラくん炭でマルチング。生育が進むと地表にも根が出てくるが、その乾燥を防げる。通気性もよく、カリウムの補給にもなる（K）

注意 水やりして土の高さが下がってしまったら、根が出ないように腐葉土やくん炭を足す

6 風で揺れると根の活着が悪くなるので、必ず支柱を立ててヒモで縛って固定する。最後に鉢底から出るくらいたっぷり水やりして作業終了（K）

植え付けから1週間後のようす。新芽が見えたら活着のサイン。苗木に接ぎ木テープがついている場合は、活着後に外す

日々の手入れ——水やり、施肥でよい根を育てる

水やり

土と葉を見て判断

アボカドは過湿を嫌うので、水はけのよい環境で育てます。その分、水やりをしっかりやらずに水切れを起こすと生育に大きなダメージが出てしまいます。とくに夏場は葉からの蒸散が多く、土が乾きやすい。水切れすると葉焼けが出て、ひどければ一気に葉が枯れ落ちることもあります。

アボカドも生き物なので、私たち人間と同じように、のどが渇いたらお水を飲みたい。逆にのどが渇いていない時には飲みたくない。アボカドが飲みたい時にあげることが水やりのポイントです。とはいっても、アボカドは話してくれないので土の乾き具合と葉のようすをよく観察して判断します。

根は過湿を嫌う一方で、水を求めて伸びる。よい根を育てるため、水やりで土の乾燥と湿潤をコントロールすることが重要（依田賢吾撮影、以下Y）

施肥する時は緩効性肥料を軽く一握りほど、鉢の縁にまき、肥料やけを防ぐ（Y）

アボカドは午前中に光合成を活発に行なうので、水やりも午前中の早い時間にします。

基本的には土の表面が乾いていたら、土全体に行き渡るように、鉢底から水が出るくらいまでたっぷりかけます。鉢底から水と一緒に老廃物を流し出すイメージです。水が流れることで根に酸素も運びます。

暑い時期は土の中も確認

また、朝は葉がピンとしていることが多いので、そのようすを見て、まだ水やりは大丈夫と思ってしまいがちです。しかし、日中が暑い時期には、それでも水切れを起こす可能性があります。鉢の表面が湿っていても、中の土を指で触ってみて、乾いているようなら水をやるほうが安心です。

冬場は夏より水が乾くのが遅く、木の生育もゆっくりになるので、水やり回数は減りますが、水切れ状態が続けば枯れてしまうので、土が乾燥しない程度に水をやります。

施肥

春から秋は2カ月おきに施す

植え付け時に元肥入りの培土を使った場合は、そのまましばらくは施肥する必要はありません。やがて活着して新芽が伸びてきたら、冬場以外は2カ月おきに肥料を施していきます。

肥料は株元でなく、鉢の縁のあたりに散布します。アボカドの根は細くあまり強くないので、肥料やけを避けるためです。また、なんだか元気がないようだからと、原因もわからないまま肥料をやってしまう人がいますが、やはり根に負担ばかりかかって逆に木を弱らせてしまうのでやめましょう。

鉢植えアボカドではチッソ・リン酸・カリが同量ずつ（10－10－10など）入った、緩効性の有機化成肥料が効き目も穏やかで使いやすく、ホームセンターでも手に入るのでおすすめです。その他の微量要素が入ったものもいろいろ市販されているので、それらを使うのもいいと思います。

着果以降は微量要素を施す

春を過ぎて着果が進んだら、果実の生育をよくするカリウムと鉄、亜鉛、マンガンなどの微量要素が入った液肥を葉面散布やかん水に混ぜて7～10日間隔で施肥して、果実の生育に必要な養分切れを防ぎます。チッソはできるだけ少ないものがいい。私は「メリット赤」という液肥などを使っています。

鉢植えアボカドは移動が容易。午前中に日が当たる場所に移して生育を促進

鉢に敷いた落ち葉マルチをめくってみたところ。葉の下にたくさんの細根が伸びている（Y）

年明け後、果実を収穫したらお礼肥として、また緩効性肥料を施します。

光と温度の管理

午前中は光が当たる場所で

移動させやすい鉢植えアボカドは、光や温度の管理をこまめにしてあげることも重要ですので、活発に光合成をする午前中は太陽光が当たる場所に動かします。

なお、生育に最適な気温は20～30℃、開花や受粉には25℃が最適とされています。夏場などそれ以上暑いような時は、日中も半日陰でできるだけ風が通る場所に移します。また植え付け後、まだ新芽が軟らかい時期は、葉焼けを起こしやすいので、やはり半日陰で直射日光を避けて管理します。

日照がよいと生育はよく進みますが、万が一、葉が焼けて変色すると、元には戻りません。木にも負担がかかるので注意します。

冬場も日中はできるだけ日を当てられるとよいですが、最低気温が氷点下になるようなら、玄関先やハウスなどの室内に避難させます。

その他の手入れ

株元にはアボカドや他の庭木の落ち葉でマルチをします。大きな葉が1枚あるだけで、その下に細根がびっしりと張っていきます。細根がたくさん張るということは樹が元気な証拠。落ち葉マルチも鉢植え栽培のポイントです。

また、春から秋にかけて害虫防除が必要です。コナジラミやチョウ目の幼虫が多いので見つけ次第手で取ったり、コナジラミは鉢に支柱を立てて市販の黄色い粘着シートを結わえつけたりして防ぎます。粘着シートを使う時は、シートが葉に付かないように注意します。コナジラミは乾燥した葉によく付くので、たまに葉に水をかけると被害を減らせます。

誘引 ――枝を45度にして生長をコントロール

直立性と開張性の2つのタイプ

アボカドの樹には、枝の伸び方の違いで直立性と開張性の2つのタイプがあります。どちらのタイプかは品種で決まります。それぞれの特徴を理解し、誘引で樹の形を整えてやると、枝を伸ばそうとする栄養生長と花を着けようとする生殖生長のバランスをコントロールできます。たくさんの花や実がより早く着いて、収穫への近道となる大事な管理作業です。

直立性は誘引で枝の伸びを抑制

そもそも、アボカドの樹は、頂芽優勢といって、樹や枝の中で一番高い位置にある芽が優先的に元気に伸びていきます。

直立性の樹の場合、とくにこの傾向が強く、放っておくと枝を上にどんどん伸ばします。栄養生長が勝るので、実になる花芽がなかなか着きません。

そこで、鉢植え栽培なら枝の長さが1m以上に育つ前に、主枝をヒモで縛って下向きに引っ張り、45度くらいの角度にしてやります。主枝の勢いが抑えられ、かわりに主枝から出ている側枝がよく伸びるようになります。花芽は側枝から出る枝に着くので、誘引によって充実した側枝を増やすことが花芽を増やすことにつながります。

枝は生育が進むと硬くなって誘引すると折れてしまうことがあるので、誘引はまだ軟らかさがあるうちに行ない

品種はベーコン。直立性で枝が上へ上へと伸びやすい（K）

枝が横へ伸びる傾向が強く、下向きに垂れ下がる場合もある。写真はマラマという品種。他にはピンカートン、メキシコーラなども開張性（Y）

鉢植え栽培の誘引

ヒモの結び方

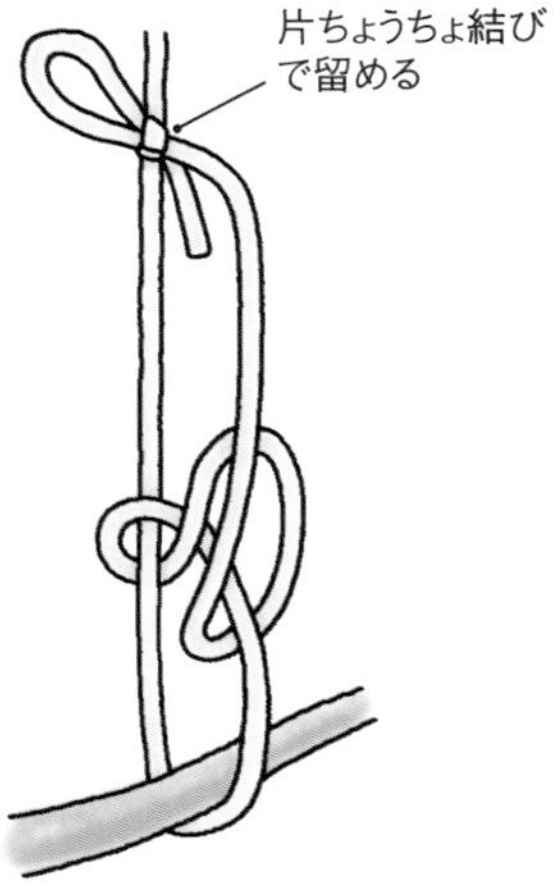

開張性の樹。主枝と側枝をそれぞれヒモで上に引っ張って生育を促進

直立性の樹。上にどんどん伸びる主枝をヒモで下に引っ張って生育を抑制

ます。枝が勢いよく育ち、ヒモで引っ張っても一度に45度まで傾けられない場合は、少しずつヒモを結び直しながら、1週間ほどかけて下へ下へと引っ張っていきます。

開張性は誘引で枝の伸びを促進

開張性の樹の場合も主枝を45度の角度に保つことは同じですが、枝を横へ横へと伸ばす傾向があり、そのまま放っておくとほとんどの枝が垂れ下がっていきます。その場合は、垂れ下がった枝をヒモで上向きに引っ張って生育を促進します。

主枝や側枝が下向きになりすぎると、それぞれから生える枝は上へ上へと勢いよく伸びる徒長枝となります。徒長枝は花芽をなかなか着けない枝になってしまうので、軟らかいうちに誘引して寝かせて側枝に仕立てていきます。あるいは、摘心といって、まだ枝が伸びきる前に手で摘み取るということをしてしまってもいいでしょう。

基本は3本仕立て、摘心で枝を更新

本来アボカドは樹高が高く、ハワイで地植えされているものは10m以上もあります。しかし、鉢植え栽培の場合は根の量も限られるため、樹に負担がかかりすぎないよう、コンパクトに仕立てます。直立性も開張性も主枝1本、側枝2本の3本仕立てにして、あとはそれぞれの枝からさらに出る側枝を増やして伸ばしていく管理が基本です。

2年目以降、主枝や側枝がそれぞれ1m以上に育ってきたら、先端の新芽を手で折り取ります（摘心）。その後は、それぞれの枝から伸びる側枝の中からよい枝を選んで伸ばし、やはり1m以上になったら摘心。その繰り返しで樹が大きくなりすぎることを防ぎます。

こうした管理を徹底して側枝を充実させながら、植え付けから3～4年目に花や実を楽しむことを目指します。1年目の管理がうまくいけば、植え付けの翌年に花が咲くことがあるかもしれません。

3本仕立てのやり方（直立性の樹の場合）

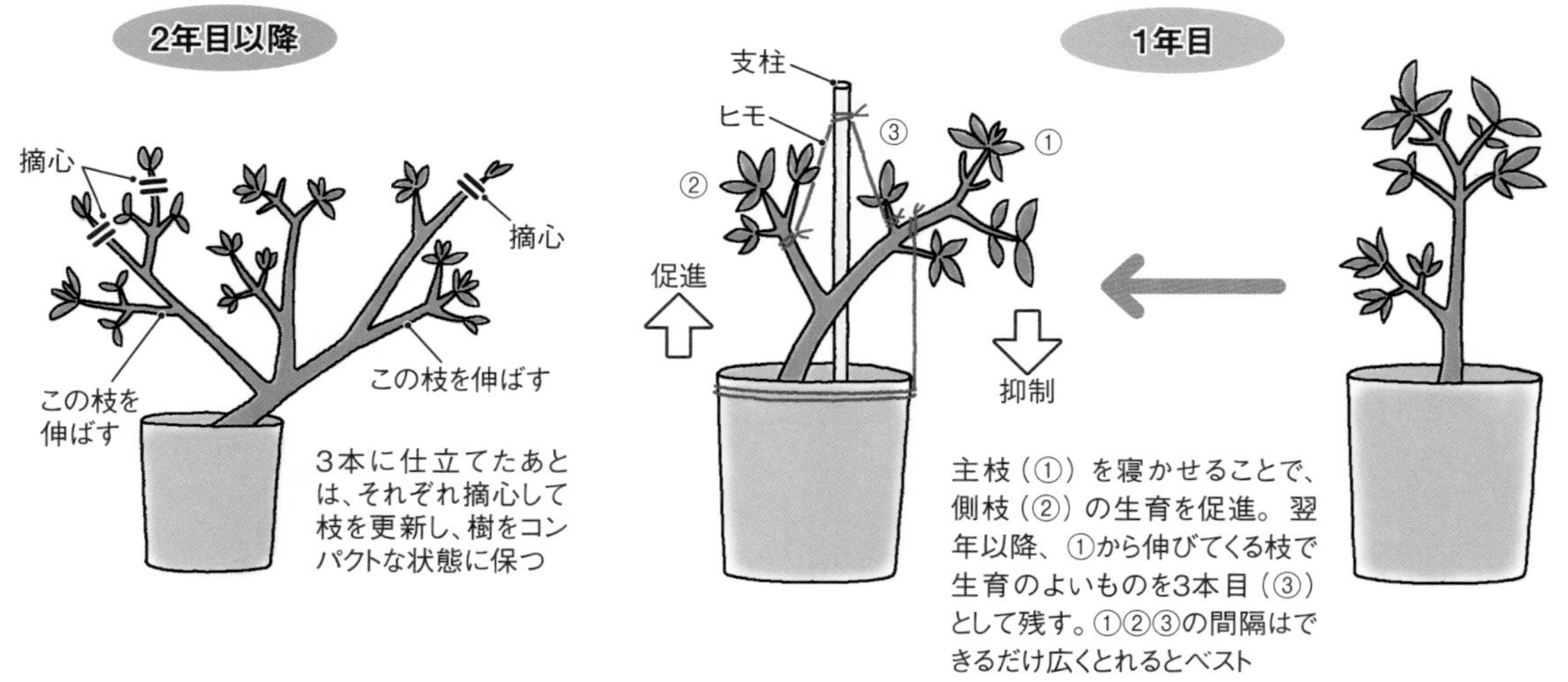
2年目以降
1年目
摘心
摘心
この枝を伸ばす
この枝を伸ばす
3本に仕立てたあとは、それぞれ摘心して枝を更新し、樹をコンパクトな状態に保つ
支柱
ヒモ
①
②
③
促進
抑制
主枝（①）を寝かせることで、側枝（②）の生育を促進。翌年以降、①から伸びてくる枝で生育のよいものを3本目（③）として残す。①②③の間隔はできるだけ広くとれるとベスト

アボカドの場合、大きく育った枝を切り落とすせん定作業はあまり必要ありません。ただ、下向きに伸びて栄養が行き渡らず枯れてしまった枝があったら切り落として、風通しと日当たりをよくします。

受粉
——人工受粉で結実をより確実に

露地栽培では虫によって受粉

苗を植え付けてから2年、3年と樹も大きく育ち、春になり、4～5月頃の開花期を迎えたら、いよいよ受粉の時期。しっかり結実させて収穫を目指します。

アボカドは花が2度開き、そのたびに雌の器官と雄の器官がそれぞれ別に活動します。また、品種によって、雌の器官が午前中に動き出すタイプ（通称Aタイプ）と午後から動き出すタイプ（Bタイプ）に分かれます。

開花した花の中にあるおしべから花粉が放出され、これが別の花のめしべ（柱頭）に付着すると受精します。通常、露地栽培では、虫媒といって、ハチやハエなどの虫によって花粉が運ばれて受粉します。そのため、AタイプとBタイプの両方を近くで育てて、雌と雄の器官が同時に動く状況をつくってやると、虫が花粉を運びやすくなり、受粉率も高まります。

虫媒が起こりにくい室内や閉め切ったハウス内で栽培している農家の中には、ハチやハエを購入して中に放し、受粉させている農家もいます。

鉢植えは人工受粉がおすすめ

庭先での鉢植え栽培でも虫媒は期待できますが、2つのタイプを一緒に育てられない場合も多いと思います。

そこでおすすめしたいのが人工受粉。人の手でおしべとめしべをくっつけて受粉させます。アボカドは小さな花が数多くつくので、一つ一つ人工受粉するのに時間はかかりますが、より確実に受粉させることができます。

もし2つのタイプを一緒に育てられているなら、人工受粉は簡単です。開花しておしべが動いているほうの花を取ります。もう一方のタイプは開花し

てめしべが動いているはずなので、その柱頭に先ほど取った花のおしべを軽くくっつけてやるだけです。花は小さいので、取る時はピンセットやハサミを使うとよいでしょう。

平均気温が低い時が意外とチャンス

なお、アボカドの花は1日の平均気温が21・1℃を超えると正確なリズムで開くとされています。

平均気温が上がり切らないと、タイミングがずれて不規則に開花することがありますが、じつはこの時がチャンス。器官が動き出す花が雌と雄で交ざ

おしべ（上の花）とめしべ（下の花）を手でくっつけて人工受粉。より確実に結実させられる（K）

って咲くことがあり、1つのタイプでも人工受粉が可能で、受精もうまくいきやすい。平均気温が21・1℃より下がっていくとアボカドの花の機能は低下し、15・5℃未満になると受粉は難しくなります。

落ちた花のリカバリーで受粉

人工受粉が成功すると、結実して小さな緑色の果実が残ります。失敗すると、花が閉じた後、蕾のまま落ちるので成否はすぐにわかります。

花が落ちるとガッカリするかもしれませんが、ここで一つ裏ワザがあります。もし、受粉がうまくいかず落ちた

マルハナバチによる虫媒の様子。露地栽培なら自然のハチによる受粉も多いが、ハウス栽培などでは購入したハチやハエを放す農家もいる（K）

花があっても、落ちたばかりのまだ青々とした状態のものを拾ってハサミで切れば、中のおしべには受粉に使える花粉が残っています。これを別の花のめしべに付けてやれば受粉できます。

一万花に一果といわれるほどアボカドの花は着果率が低く、たくさんの花が落ちてしまいますが、農家のもったいない精神を発揮して、リカバリーして生かします。

生理落果が起きやすい

開花中の温度も結実に影響を与える可能性があります。最適な結実温度は、18～23℃とされています。また、着果

受粉が成功して結実したようす。うまく受粉できていない場合は蕾のまま落下するのですぐわかる（K）

後、実が少し大きくなってから、生理落果といって自然に落ちてしまう実も多く見られます。温湿度や肥料切れなどが原因です。人工受粉でできるだけ結実を増やすことが、収穫を実現するためには重要です。

まれに、結実しても果実が大きくならないまま、夏以降も樹にぶら下がっていることがあります。実の中にタネはなく、そのまま食べることができ、海外ではカクテルアボカドやフィンガーアボカドという名前で販売もされているようです。

結実したあとに生理落果した実。日照不足や高温など生育に負担がかかる状況が続くほど生理落果は多くなる

収穫——できるだけ樹上で長く成熟させる

樹上成熟で油分率を高める

誘引など日頃の管理がうまく行なえていれば、通常は植え付けから3年目、早ければ最短2年目から収穫を楽しめます。

アボカドの果実は、樹上に長くおけばおくほど、油分率が高まります。油分率が高いほど、味が濃厚になりおいしい。逆に未熟果は水っぽくて味気がなく苦みを感じることさえあります。

タイミングは品種ごとに見極めを

品種によって開花から成熟するまでの期間が異なるため、収穫適期もだいぶ変わります。成熟までの期間は、メキシコ系の品種で6～8カ月、グアテマラ系の品種で10～15カ月、西インド諸島系の品種で5～8カ月が大まかな目安です。

地域によっても異なりますが、たと

カクテルアボカド。大きくならないまま木に残った実で、中にタネがなく、そのまま食べられる

えばメキシコーラというメキシコ系品種の場合、開花が2月頃なので収穫期は8～10月頃になります。これを私はあえて成熟がしっかり進んだ9月中旬以降に収穫しています。

また、メキシコーラの果実は熟すと紫色に変わるので、収穫時期がわかりやすい。ハスという品種も同じように実が紫色に変わって収穫のタイミングを教えてくれます。

ベーコンやピンカートン、フェルテという品種は、成熟が進んでも果実は緑色のままです。そのため、果軸が黄色くなったり、果実に光沢がなくなったりするようすを手がかりにして収穫のタイミングを見極めます。ベーコンは成熟が進むと果実に筋状の模様が入るのもヒントになります。

より簡単な方法として、成熟が進むと果実が自然に落果するので、あらかじめネットをかけて落果を待つのもよ

収穫を迎えた果実。果軸ごとハサミで切り取って収穫するのがコツ。成熟が進むと果軸が自然と取れるので追熟完了の目安になる

収穫適期のアボカドの様子

ハス。成熟が進むと果実が紫色に変わるのでわかりやすい。他の品種に比べて開花期が長く、収穫期の幅が広いのも特徴

メキシコーラ。ハス同様に成熟が進むと紫色に変わる

ベーコン。果実に細かな筋状の模様が横に入っている。これも成熟が進んだ証拠の一つ。果実の下部の黒ずみは、肥大が進みすぎて裂果が近い可能性を示している

いでしょう。

追熟するなら果軸付きで

庭先や露地で育てる場合は、寒波などがあると樹上の果実が傷んでしまうので、その恐れがある場合は収穫するほうが無難です。

アボカドは収穫後に追熟させることができます。15～25℃の環境で7日ほどおき、果実が軟らかくなれば食べ頃です。5℃以下では追熟は進まず、果実が傷んでしまうので注意します。

追熟を上手にやるコツは、収穫の際に果軸付きでとること。追熟が進んでくると果軸がポロッと果実からとれるので、追熟完了の目安になります。

また、リンゴと一緒にポリ袋に入れておくと、リンゴが発生させるエチレンの効果でより早く成熟が進みます。追熟が終わった果実は、冷蔵や冷凍で保存も可能です。

収穫後の樹にお礼肥

樹上成熟させてから収穫した実は、すでに食べ頃ですぐに軟らかくなるので1～2日おけば食べられます。十分に樹上成熟させた果実は、半分に切った時、中のタネから芽や根が出始めていることもあります。果実はそのままスプーンですくって食べ、市販の輸入アボカドとは違う甘みが強くてクリーミーで濃厚な味をぜひ楽しんでください。

無事に果実が収穫できたら、実をつけてくれた樹に感謝を込めて、お礼肥をあげるのも忘れずに。効き目が早く、チッソやリン酸に比べてカリは少なめの化成肥料をやるのがおすすめです。ひとつかみほど鉢の縁あたりに施して、樹の回復を促せば、翌年以降もアボカドづくりを楽しめます。

主な品種と収穫時期

収穫時期を迎えても、すぐにとらず樹上での成熟を待つ

品種	系統	収穫時期	私の収穫時期
ベーコン	メキシコ系とグアテマラ系の交雑種	10月～1月	11月中旬～
フェルテ		11月～6月	11月中旬～
ピンカートン	グアテマラ系	12月～2月	1月上旬～
ハス		4月～11月	4月以降

マンゴーなどの栽培で使われるネットを流用して、収穫時期の1カ月前から果実ごとネットをかける。成熟が進んで自然に落果したら収穫すればいい

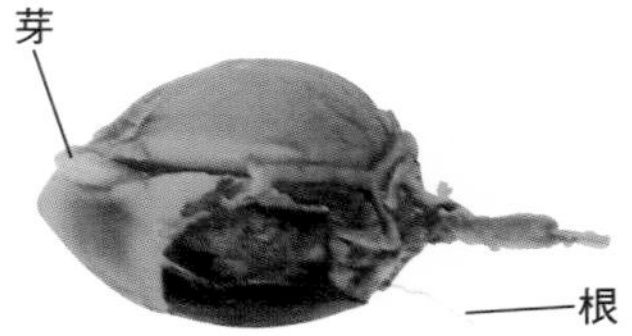

樹上で十分に成熟した果実の中にあったタネ。果実の中ですでに芽と根が伸びている

買ったパイナップルの頭を埋めて増やせる

熊本県合志市●村上カツ子

皮まで食べたくなるほど美味!

わが家ではハウスの中いっぱいにパイナップルが育っています。

隣近所や友人に分けてあげると、あまりのおいしさに皮まで吸い、口が痛いと何人か言って笑っていました。たまたま通りかかった人も物珍しさのためか立ち止まり、「パイナップルでしょう。分けてください」と声をかけてくれるほどです。水分が多くて繊維が少なく、本当に甘くておいしいです。

わが家のハウスでとれたパイナップル。この頭の部分を鉢植えしたら根づいた

このパイナップル、苗を買ったわけではありません。もとは長男がスーパーで買ってきたもの。果実の上に付いているフサフサしたところを、私が「植えてみらんね」と言って孫たちに何気なく鉢に植えさせたのが始まりでした。10年以上前の5月頃のことです。

この時はあまり気乗りもせず水をときどきやる程度でしたが、数カ月もすると、みるみる元気になりました。寒い時期を迎え、大きな鉢に植え替え、二重のビニールハウスの中に入れて少し大事に育てることにしました。

翌年の5月中旬、鉢から抜き、露地に植えて水かけの手を抜きました。ひと夏過ぎると鉢に入らないほど大きくなったので、ハウスの中に地植えしました。

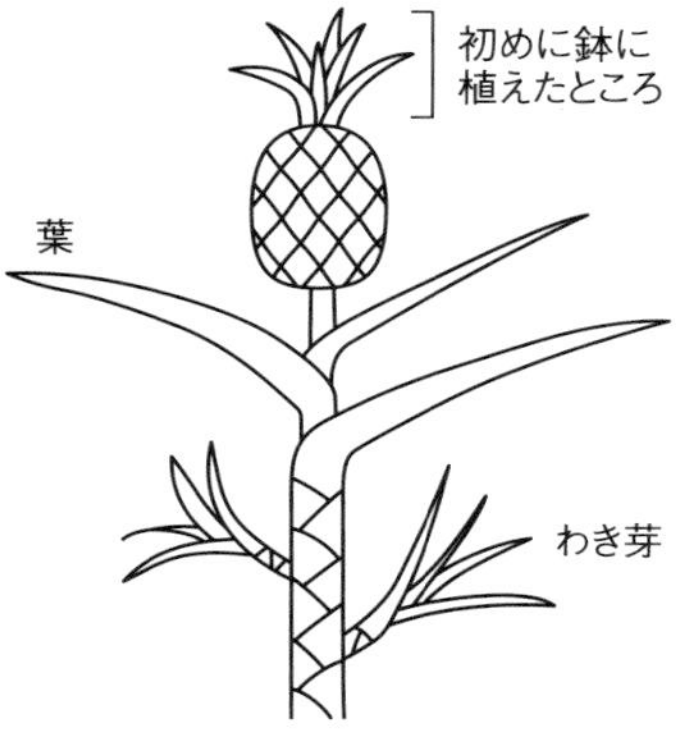

3年目の7月に入ると、大きくなった株の芯から真っ赤な葉が出てきて、「何だろう?」と思ってよく見たところ、丸いものが出てきているではありませんか。なんだか、かぐや姫が生まれたみたいな神秘的な世界を連想させられました。その後、その丸い玉に紫色の花が咲き、肥大が始まり、亀の甲様の柄になり、丸い玉が出て4カ月経った頃から少しずつ色づき始めました。甘い香りが強くなった頃に収穫し、1個のパインを家族や友人たち20人くらいで試食したことを思い出します。

わき芽を取って一本立ちに

収穫したあとは、わき芽が4~5本出たので、これを苗としてかき取り、ハウスに植えてどんどん殖やしていきました。今では幅5m、長さ20mのハウスの中で4列にびっしりと植わっています。

なお、かき取らないでおいたわき芽にも果実はよくなりますが、小ぶりです。わき芽はかき取って1本立ちにしたほうが大きな果実がとれます。

放ったら果樹活用編

放ったら果樹の手入れ術

放ったら果樹のせん定 3つの法則

神奈川県大磯町の「100歳まで楽しめる農業と鳥獣害対策」を学ぶ講習会。獣害対策の専門家である井上雅央さん（愛称：まさねぇ）が講師となり、誰でもできる放ったら果樹のせん定法を住民のみなさんに伝授した。

講師の井上さん（70歳）。「まさねぇ」の愛称で親しまれる。ひとたび刈り払い機やチェンソーを持つと、獣たちの潜み場となる草むらや藪にガンガン分け入る超現場肌の元研究者（依田賢吾撮影、以下Y）

家の庭木を切る

宅地のすぐそばにイノシシやタヌキが出没するという家の庭にて——。

野生動物が庭木を植える!?

まさねぇ　みなさん、こんにちは。私が心配してるのはこの町に放ったらかしのクリ、カキ、ビワなんかがものすごく多いこと。これを食べた野生動物がウンコをすると、そこらへんにタネが落ちてどんどん増えて、動物の天国になってしまうんです。

まずは、自分とこの庭に植わってる木をもう1回見てみましょ。たとえば、カキとビワ、キンモクセイ、マツは自分が植えた。でも、植えてもないセンダン、アカメガシワ、アケビやムベが生えとったら、畑どころか家自体が大ピンチ。もう、その時点で動物がやっ

獣道が見えるかな？

青々した草むらの景色を目を細めながら見ると、獣道が浮き上がってくる。

10年前に建て替えられた家。胸の高さほどのコンクリート擁壁の上に建っていて、庭木で囲まれている。擁壁の真下に来れば、完璧に住人の目から逃れられる

左上の写真の矢印の位置に立って手前の草むらを見た。一見なんともない景色だが、よく見ると、手前の擁壁に沿った大きな道のほか、あちこちに獣道が見える（下の写真参照）

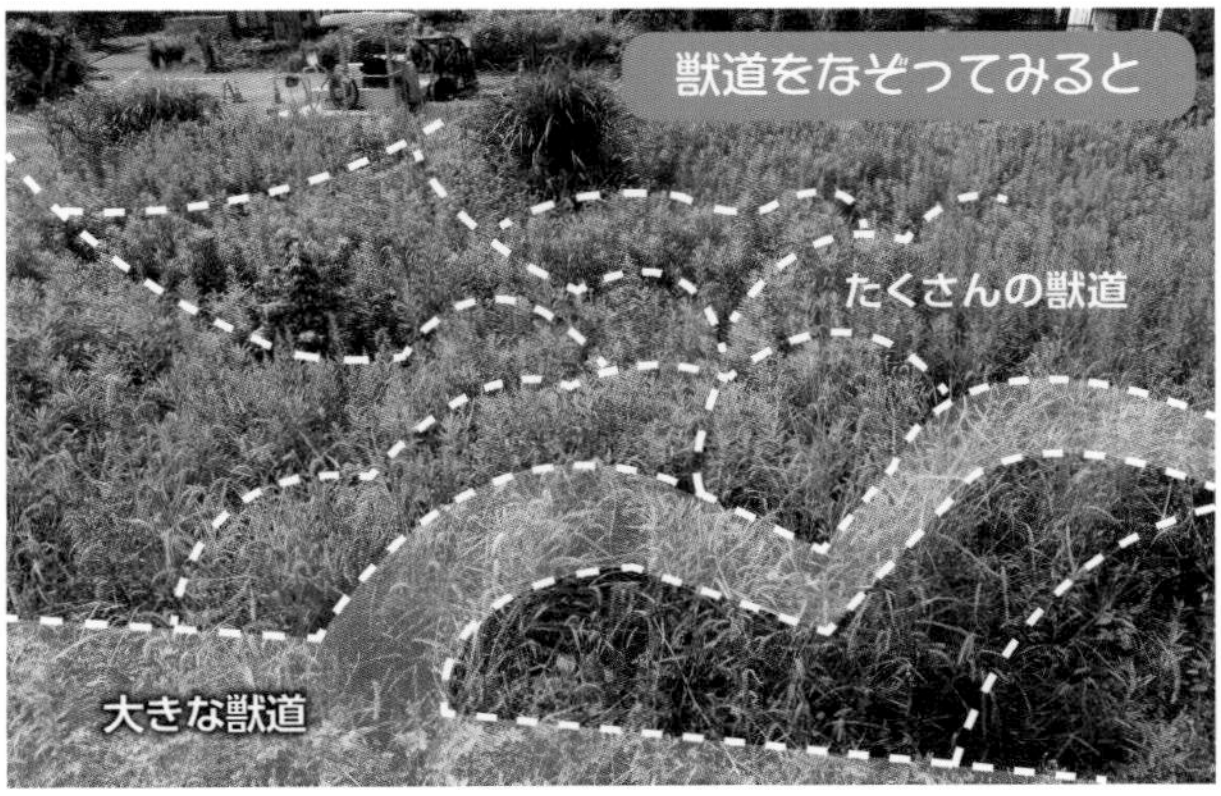

て来てツツジの下に隠れてウンコをしてる可能性があるってことです。

草むらに何本もの獣道が…

野生動物の本性は、とにかく「安心して食えるところに住みたい」ってこと。動物と人間の違いはなんやと思う？　動物は家と空調設備を持ってへんよね。でも、寒さに強い毛皮は持ってる。そやから、あいつらは暑がりです。暑い真昼は出て来ない。でも、涼

しくて安心できる場所では、基本昼間も動く。「暑がり、怖がり、なまけもの」と覚えといてください。

　そしたら、このコンクリート擁壁《ようへき》の上に立って、下の青々とした草むらを見てみましょう。目を細めていくと、獣道が浮かび上がってくるでしょ？　メインの道が真ん中と真下に1本あって、あっちこっちに獣道が続いてるのん、わかる？

　もし獣道が1本だけやったら、獣が警戒している場所です。イノシシのお母ちゃんが「あんたら私に付いて来なさい。横へ行ったらダメですよ」っていいつつ、ウリボウ4、5匹連れてさささっと歩く。そんな時は、毎日、全員が同じ道を通るから、太い獣道が1本だけできるんです。

　でも、この草むらにはあっちこっちに獣道がある。それって、イノシシも他の動物も警戒心もなく動いている証拠。好き勝手に走っとるんです。

イノシシ目線で庭木を見る

　ほな、イノシシはなぜ安心しよるか？　玄関を出て庭先をこのおうちの人が通っても、生け垣の向こうで寝とるイノシシは見えないでしょ。草むらと生け垣が、絶好の隠れ場所になってるんです。

　じゃあ、今度は自分がタヌキやイノシシになったつもりで、この庭をぐるりと歩いてみましょ。まず生け垣を見ると、裾が草や地面とくっついてるよね。これだけで動物は体を隠せる「安心ゾーン」です。だから草むらは刈って生け垣は裾だけでも切る。

　奥には家の屋根の高さの木がこんもりあるね。あれを見ただけで、イノシシは「あそこらへん、なんか涼しそう」と思う。枝を整理したほうがいいよね。

返り枝を残すと大木化する

　さて、奥のウメの樹は、典型的な背が高くなる樹形やね。本来残さないといけない枝を切って、本来切ってはいけない枝を切ると、こうなります。

　樹っていうのは、とにかくお日さんがほしいんです。お日さんがきれいに当たっている限り、満足した大きさで落ち着く。ところが、この樹の枝は、外側に伸びたあとに太い枝が木の中心へ戻ってるよね。なんで戻ってるかというと、横へ行ってもお日さん当たれへん、一番当たるのは真上やと気づいたから。これを「返り枝」といいます。

　返り枝が上へ上へ行って、上で葉を茂らせる限り、横に伸びた枝はそれより外側に出ないとお日さんがもらえない。こうして樹の大木化が始まります。

　そして、新しい枝や花は、お日さんが当たったとこにしかつかない。

　つまり、この樹は立派なウメの樹に見えるけど、働いてるのは外側だけで、内側はなんにも仕事をしていない。ただの材木なんです。だから、せん定するときはまず、返り枝を切ってあげましょう。

ノコギリは横に使う

　次に、残った枝でのお日さんの取り合いをさばいてあげる。ポイントは、ノコギリを横に使うこと。「ノコギリは横」と覚えといてください。枝を切り始める前に、まず刃を当ててみる。その時に、ノコギリの刃が縦になる枝ではなく、横になる枝を切る。ノコギリが横の枝は上に上に伸びてる枝やからです。

　もう一つ覚えておきたいのは、「途中切りしない」こと。この枝のせん定

獣の目線で庭をチェック

人の視界に入らない潜み場がいっぱい

タヌキの目線の高さ20㎝くらいをハサミでチョキチョキ。動物にとっては安心できない「こわごわゾーン」に変わる

家の生け垣と電信柱の前の植え込みだけで、タヌキにとっては「安心ゾーン」になる

信楽焼きの雄タヌキの置き物。野生の雌タヌキが寄ってくる!?

家の裏にある物置小屋。「私やったら奥のススキに隠れるかなぁ」（まさねぇ）。

正面から見てみると……、やっぱり住人がいたようだ。「ササやススキといった軸になる植物につる草が絡めば、最高のお部屋」になる

せん定の法則1 返り枝を切る

外側に向いた枝から中心方向に返っている「返り枝」は切る（Y）

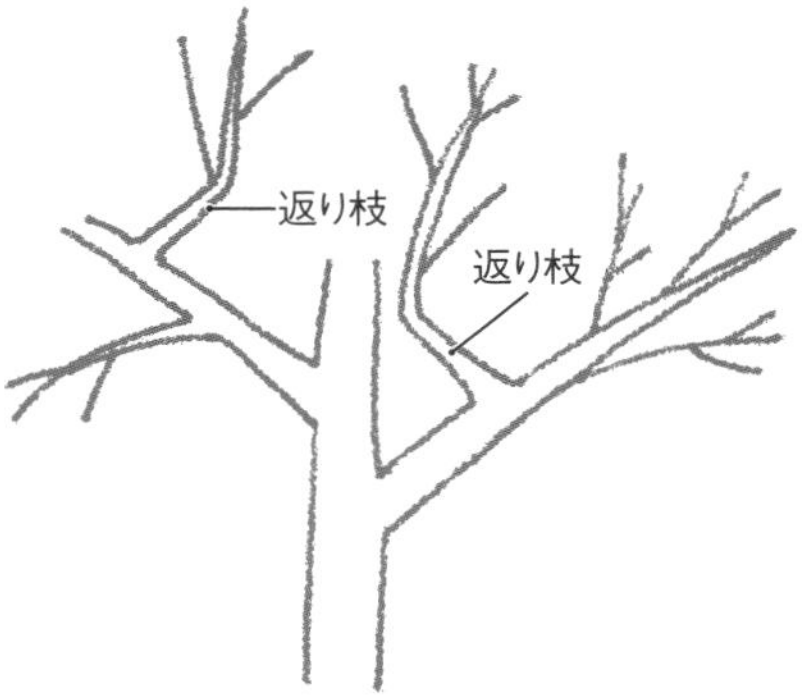

せん定の法則2 ノコギリは横に使う

混み合った枝のどれを切るか？　刃を枝に当ててみると、ノコギリが縦。この枝は残す（Y）

刃を当てるとノコギリが横。こっちの枝を切る（Y）

跡を見てちょうだい。付け根からでなく、ちょこっと上で切ってるから「へそ」が残ってるよね。この部分、枯れて病気の巣になります。そこから病気が樹の中心部に向かって進軍していって、樹が弱るんです。

　枝の付け根できれいに切れば、樹は切り口に自分で病気を防ぐ成分をつくる。そやから、どんな細い枝でもへそを残さずに切る。これ、必ず覚えといてください。

せん定は花が早く咲く順に

　果樹には切る時期がある。間違えると実がなるのが1年遅れたりするから注意してくださいね。

　まずは、落葉果樹。11月下旬に葉が落ち始めて冬は枝だけになる。葉が全部落ちたら、せん定を始めてＯＫ。真っ先にウメからやってくださいな。なんでかいうと、ウメは2月にはもう花が咲き始めるでしょ。てことは、1月には花芽も膨らみ始める。そんな時期にせん定すると、大切な芽が作業時に擦れたり、落ちたりしてまう。芽を傷つけないように、真っ先にバラ科のウメ、モモ、ナシと、花が咲くのが早い

せん定の法則 3　途中切りはしない

途中切りして「へそ」が残った枝。病気の巣になる。しかも、ノコギリを縦にして切ったので、残った枝は上に上に伸びている（Y）

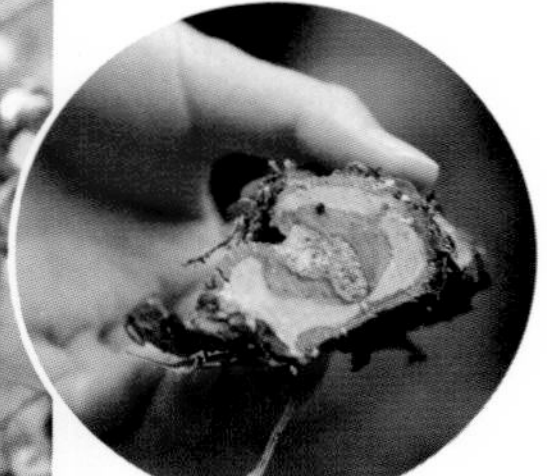

へその部分を切った。芯に向かって腐りが入っている（Y）

せん定バサミは持ってないほうの手も使う。せん定バサミには切り刃と受け刃があるが、持ち手の反対の手を枝に当て、切り刃の進行方向に枝を押すとラクに切れる（Y）

順に切るのがコツです。

キウイは2月上旬までに切る

ただし、一番寒い1～2月上旬には、たとえモモやナシを切り終えていなくても、キウイフルーツ（マタタビ科）は切ってしまいましょ。キウイは2月中旬になると根っこからどんどん水が送られるから。そんな時に切ると、切り口から樹液が噴出して樹が弱っちゃいます。

ウメ、モモ、ナシとバラ科の果樹を切ったら、その他のカキ（カキノキ科）やクリ（ブナ科）は少しくらい遅れてもいい。なんでかいうと、冬芽から出てくるのは枝と葉っぱだけで、春になって新しく伸びた枝の先に花が着くからです。

それと地域差はあるけど、カンキツ類のせん定は3月中旬以降、ビワは実の収穫が終わった直後って覚えといてください。

内側で実がなれば 大木にならない

てことは、今日はまだ9月下旬でウメを切るには時期が早すぎる。そやけ

庭のウメの樹を切ってみた

３つの法則に従って何本か枝を切った。木の姿はどう変わった？

せん定後
この辺りに
実がなる

返り枝や、ノコギリが横になる枝を数本切っただけで樹形が変わった。中心部に光が当たり、低い位置に実がなるようになる

せん定前
養分が太い枝の生産に
注がれ、実がならない

枝が上に上に伸びているので、中心部に実はならず、材木をつくるだけの樹形になっている

ど、勉強のために特別に許可をもろて少し切らせてもらいます。

（チェンソーで枝を切る……）

どうですか？「返り枝」と「ノコギリは横」の法則で何本か切っただけで、だいぶ樹の姿が変わったでしょ。樹の内側にお日さん当たるようになったよね。来年は内側の低いとこにいっぱい枝が出てきて、その後、その辺りで実がなり始める。そこで実がなってる限り、養分は実へ行って、大木になろうとはしません。

放ったら果樹園で切る

次に、電気柵で囲った山裾のミカン畑にて――。

枯れ込んだ樹は早く伐採

まさねぇ　ここに瀕死の状態のミカンの樹がある。夏にはカミキリムシが来て幹の中に卵を産みつけよる。

カミキリムシの幼虫は樹にトンネルみたいな穴をあけるから、テッポウムシって呼ばれます。ただし、幹の下のほうに親が１個、２個、卵を産みつけ

この辺まで
枝葉が出ていた
電気柵
切り口

電気柵の近くに植わっているミカン。枝が垂れて電気柵の外に実がならないよう、電気柵側を大胆に切った（Y）

瀕死の状態のミカンの樹。わずかに先端だけ葉がついている（Y）

切り口を果樹用の保護フィルムで覆う（木工用ボンドでもOK）。雨が入らないよう下から貼る（Y）

電気柵の位置、
超ファインプレーです！
電気柵

ミカンの樹から離れた位置に電気柵を設置している。通路の草刈りも行き届いて「守りたい気持ちがあふれてる」ミカン園

たとしても、カラスに見つかって食われたら、この樹の中で孵《かえ》るテッポウムシは1匹か2匹だけ。

　ところが、草刈りが遅れて樹が草に覆われると、カミキリムシがいっぱい来てもカラスに見つかれへん。で、いっぱい卵を産みつけたらどうなるか？　孵化したテッポウムシがいっせいに脱皮して大きくなる。何十匹もの大きなテッポウムシが樹の中でトンネルを掘り始めたら、水が届かずに枯れ込みが激しくなり、そこから病気も入る。樹勢が弱った樹ほど、キクイムシやミカンナガタマムシとかも来て、さらに樹を弱らせるんです。

　そやから「このミカンまだ生きてるから、もう1回復活させたろ」と思ってはダメ。こうなったら早く切ったほうがいい。そして、切った材木はなるべく元気な樹から離して置く。株元に置いたら、モンパ病がうつったりしやすいからね。

電気柵の近くの樹は片側をしっかり切る

　放ったら果樹のせん定は、プロ農家が出荷してるミカンのせん定とは違います。主幹、主枝、亜主枝……とか、そんなん一切覚える必要はない。さっきのウメと一緒です。「返り枝は切る」「ノコギリは横に使う」「途中切りはダメ」。この３つ。

ただ、電気柵の近くにある樹は、ノコギリを縦に使ったりもして、片側を大胆に切ります。枝がそのまま伸びると、柵の外にもミカンがなって垂れてくるでしょ。そうすると、イノシシが柵の外からミカンを食べる。その奥にもう１個ミカンがあったら、イノシシは電気柵の上に鼻を向けつつ、電気柵があるのも気づかずに侵入してしまう。困ったことにイノシシは鼻でしか感電せえへんのです。

ってことは、樹から離れた位置に電気柵を設置するのがベスト。近くに設置せざるをえなければ、枝と電気柵の間を大人が背筋伸ばして歩ける程度にせん定しときましょ。

円星落葉病にかかったカキ

ミカン園の端にカキの樹もあるね。これも枝がいっぱい混んでる。葉っぱを見てください。丸い星のような点々があるでしょ。消毒せずに、枝が混んだカキには、円星落葉病という病気が必ず出ます。この病気にかかったカキは、８月から熟柿《じゅくし》ができて落ち始める。「青熟柿」という状態やね。

いっぽうで、病気にやられずにしつこく残った実は、そのまま12月、１月までなってる。つまり、大木化したカキの樹１本、実をとらずにおいといたら、８月から翌年の１月まで、６カ月の間、動物を寄せ続けるということです。

この樹は富有柿やね。本来、９月下旬の富有柿はもっと青いんです。これからさらに膨らむ時期。ところが、隣の小屋の屋根の上に青い熟柿が落ちてるでしょ。上の枝には今にも落ちそうな赤い実。これ、人間はまずくて食べられへんけど、タヌキやアナグマにはご馳走です。

これもウメやミカンと同じように枝を整理してやりましょ。50年前に植えた樹やそうですが、せん定すれば、今からでもものすごくええ実が、低い位置になるからね。

カキの樹が円星落葉病にかかると……

葉っぱに丸くて黒い病斑ができる（Y）

このカキも、ノコギリ横に使ってないから、上へ上へ伸びたんやね

ミカン園の隅に植えられたカキ。枝が混み合って消毒もしないと、円星落葉病にかかる。矢印は右下の写真で示したせん定位置（Y）

9月にすでに実が落ちていた。円星落葉病にかかった樹は、8月から翌年1月までだらだらと実が落ちて、獣を寄せ続ける（Y）

上の写真のカキの樹のせん定位置。まだせん定の時期ではないので、まさねぇが黄色のテープで切る位置を示しておいた（上の写真の矢印）。やはり、ノコギリは横に使う。この2本を切るだけでかなり枝がスッキリして光が入り、点線のあたりで実がなるようになる（Y）

このあたりに実がなる

放ったらウメがまさねぇ仕込みのせん定で復活！

広島県廿日市市●池田淳子

この樹も以前は放ったらかしで茂り放題。鳥獣害の原因にさえなっていたが、思い切ったせん定で蘇った

花木の稼ぎで家族を支えた樹

今から40年以上前。果樹専門の苗木生産と苗木の輸出入の会社に勤めながらの兼業農家だった父が、自分の畑の脇にウメを植えた。「青軸」という品種で、花は白く、25〜30gの正円で美しい実をつけるのが特徴だ。ウメの品種がさまざまある中、鮮やかな緑色の枝がスーッとまっすぐ伸びる姿に目が留まり、正月時期の切り花に向いていると思ったという。

父は仕事柄、接ぎ木が得意だった。そこで、会社で苗木の掘り取り作業時に、折れてしまったり、根が傷ついてしまったりして廃棄する苗や根、枝を持ち帰り、自分で接ぎ木して苗を仕立てた。それを大切に育てて、畑に少しずつ植えていった。

列間1・5m、樹間80cmで植えたウメの樹は、最後には60本ほどにまで増え、枝を切り取って卸売市場へ出荷するようになった。年々樹が生長するにつれて良質の枝がとれるようになり、長さや太さが近いものをそろえて50本1束で出荷すると、大の束なら1束あたり80〜150円、中は60〜120円、小（細い）は50〜80円の値が付いたという。作業は畑の管理から枝の切り取りまでを父、枝の切り揃えを母が分担して行なった。年末から正月にかけてのよい収入で、その稼ぎが私たち姉妹の学費や農具購入の資金となった。

父が植えたウメの樹にたくさんの実がついた。収穫が毎年の楽しみ

放ったら果樹になったウメ

その後、父母は高齢となり、時代が変わって花木の売れ行きも低下した。いつしかウメ畑は放ったらかし状態に

変わり、枝も下草も伸び放題となってしまった。

２０１２年、私たち姉妹はそれぞれ今までの仕事を辞めて、農業に取り組み始めた。ウメの樹の横で野菜を育てたが、そこにまで枝がはびこる始末。それでも、野菜作りにジャマな枝を適当に切るくらいで、きちんとせん定することや実をとることはまったくしなかった。枝が茂ってしまったウメの樹の下は暗く、今思うとヘビなどの隠れ家にもなっていたようだ。

まさねぇとの出会い

就農して数年経った頃、地域でイノシシが増えて田畑を荒らすようになった。被害に困りはてて、地元市役所に相談したところ、市の事業として地域住民を集めた鳥獣害対策の勉強会を開くことが決まった。それが、まさねぇの愛称を持つ井上雅央さんとの出会いだった。

まさねぇは元研究者で獣害対策の専門家。その教えは実践的で、勉強会ではみんなで地域を歩き、イノシシやタヌキの潜み場となりそうな場所を探したり、畑や野山、屋敷まわりの樹の手入れの重要性やその方法を教わったり、数回に分けて農作物を鳥獣から守る対策をいろいろ学んだ。

とくに、樹になった実はすべて残さずとりきって、動物を地域に寄せつけないことが重要なポイントだと知った。つまり、放ったらかしになっていたわが家のウメ畑が、獣害を招く原因だったのだ。今さらながらだが、近所の皆様、ごめんなさい！

獣害対策で竹を伐採中の筆者（左）と姉。父と3人の家族経営で、米と少量多品目の野菜をつくっている

せん定を学ぶきっかけとなったイノシシ被害。年々ひどくなり、畑の近くにある公園まで掘り返されてぐちゃぐちゃだ

鳥獣害対策勉強会のようす。中央が講師のまさねぇ。ノコギリの使い方から、大きく茂った樹の仕立て直し方まで丁寧に教えてくれた

孫と一緒にウメの収穫。手で簡単にとれるので子どもも大はしゃぎ

梅シロップ作りは娘にも伝授。わが家の恒例行事になった

獣害対策でせん定を学ぶ

こんな状態になったウメ畑を改善する対策として教えてもらったのが、樹のせん定だった。わが家のウメ畑を実習場として、実際にみんなでやりながら教わった。

　最初は下草刈りから始めた。次に樹形と枝ぶりのよい樹を残し、それ以外は根元から伐採して、樹と樹の間隔を広くした。さらに、実がすべてとりやすいように樹高を低くしたり、日光が樹の奥まで当たり、実つきがよくなるようにするせん定方法を勉強した。

　ウメの樹は枝の伸びが早いので、思いきってせん定しても大丈夫だそうで、実習の時、まさねぇが「人の樹じゃけえ、恐れず思いきって切ってしまえ！」と笑いを誘って、楽しかった。

　せん定のおかげで、ウメ畑はずいぶん風通しがよくなり、明るくなった。せん定してすぐの春は、まだあまり実つきはよくならなかったが、花が咲くようすがよく見えて楽しめた。そのあとは、せん定で日当たりが改善したためか、年々実つきがよくなり収量も増えている。イノシシが悪さすることも明らかに減った。

樹が変わったら自分も変わった

樹のようすが変わるのを見て、日頃から実つきが気になるようになった。そして実ができると必ずすべて収穫し、地元の洋菓子屋に販売したり、自家製梅シロップ作りに挑戦したりしている。

　樹の低いところの実なら孫でも手が届くので、家族みんなで収穫するようにもなった。とったウメを洗って、ヘタ取りや爪楊枝で実に穴をあける作業

まさねぇに教わったせん定のやり方

目的は「樹形を整えて、見た目、日当たり、風通しを改善すること」や「古くなった枝を更新すること」。実つきがよくなり、低樹高にすることですべての実が収穫しやすくなる。

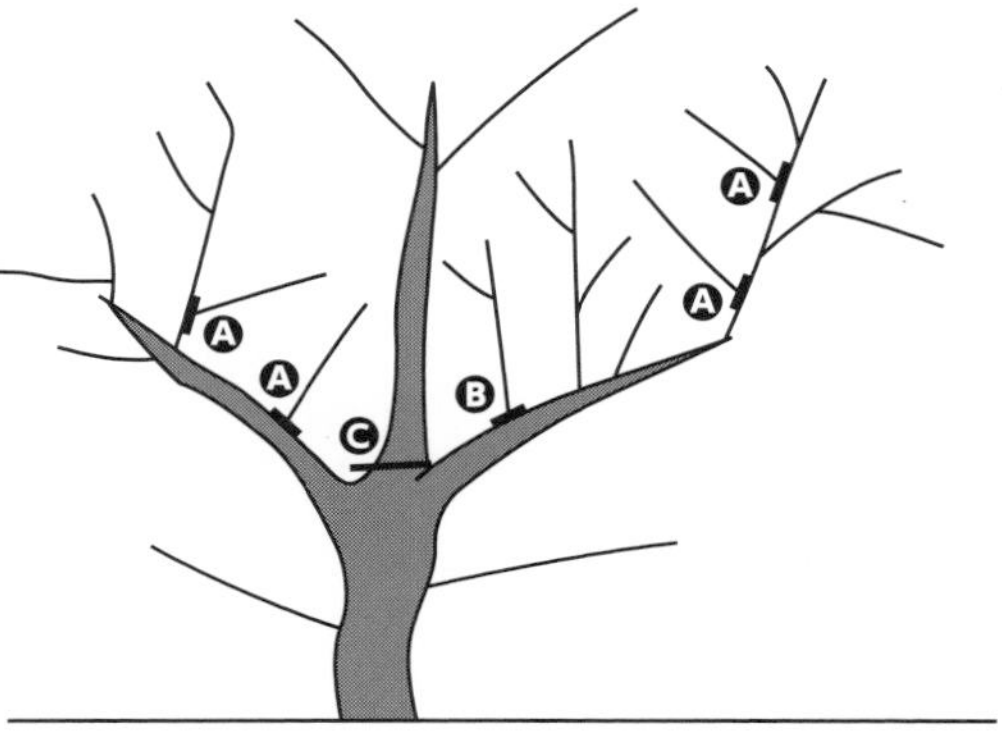

1 伐採

樹間 1.5 ～３ｍを目標に、生育がよさそうな樹を選んで、それ以外をすべてチェンソーなどで伐採する

2 枝を落とす

ノコギリやせん定バサミを使って行なう
Ⓐ 中央に入り込む枝を切る
Ⓑ 枝が混み合っている所を切る
Ⓒ 太くても真上に伸びている立枝は切る

●ノコギリの使い方

ⒷやⒸの枝を落とす時は、刃が横になるように寝かして使える枝を選んで切る。縦に伸びた枝を切ることになるので、自ずと低く外側へ広がる形に樹を仕立て直せる

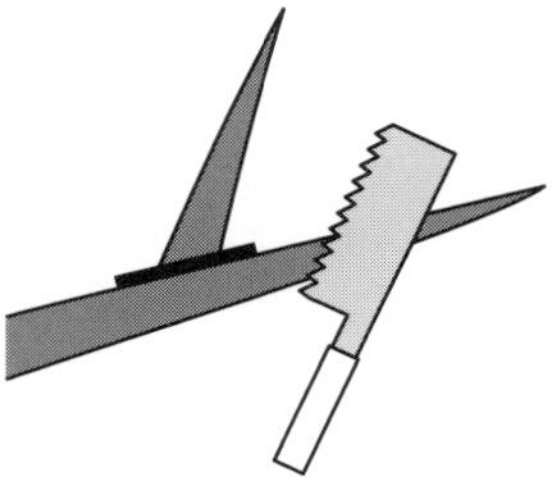

★せん定時期は11月中旬～ 1月
★せん定した枝は年末にかけて産直市場で販売。正月の生け花用によく売れる

を娘や孫と一緒にやり、梅シロップ作りも伝授。シロップが日々変化する様子を観察しながら、出来上がりを待つのがじつに楽しい。

シロップが出来上がったら冷水や炭酸水で割ったり、シロップの中に残った実で梅ゼリーをつくって食べたり、みんなで大切にいただく。

今年の春は、花盛りのウメ畑にテーブルとイスを持ち込んで、花見ランチを楽しんだ。娘は花を見ながら「今年はウメの実がたくさんできるかなあ？今年も梅シロップを子どもたちと一緒につくろっと」と収穫が待ち遠しそうだった。

せん定ですっきりとした姿に蘇った樹を見て、近所の方が「ウメの花がきれいじゃねえ」と声をかけてくれたり、「せん定はどがあにすりゃええん（どうやったらいいの）？」と尋ねてきたりするようにもなった。そんな時は、樹を仕立て直すせん定方法だけでなく、実を残さずとって動物を寄せないことの重要さ、ワイヤーメッシュの張り方など自分が学んだこともできるだけ伝えるようにしている。そうやって、微力ながらも里山を守っているところだ。

トゲだらけのユズの樹高を低くするには？

●浅川知則

低樹高化を進め、中央部のせん定によって内部にも日光がよく当たるようになった樹のようす。無せん定樹と比較して収量は3倍以上に増えた

目標樹高は3〜4m

ユズはせん定をしないと6m以上の大木になってしまいます。トゲも多く、高所での作業となるため収穫はたいへん難しくなります。そこで岩手県農業研究センターではせん定による低樹高化の実証研究を行ないました。

目標は樹高を3〜4mまで低くすることですが、6m以上に育った大木を一気に低樹高化すると、樹へのダメージが大きすぎます。そこで、左ページの図のように、年1m程度を目安に数年かけて低くしていきます。

流れとしては、まず最初に樹の中央部に体を入れられるよう、邪魔な枝を切り落とします。細かいことは気にせず思いきって伐採してかまいません。とにかく、樹の内部で作業できるようにすることがねらいです。

次に、日光が樹の中まで当たるように、中心部の幹や内向きの太い枝（返り枝）を伐採します。

低樹高化せん定のイメージ

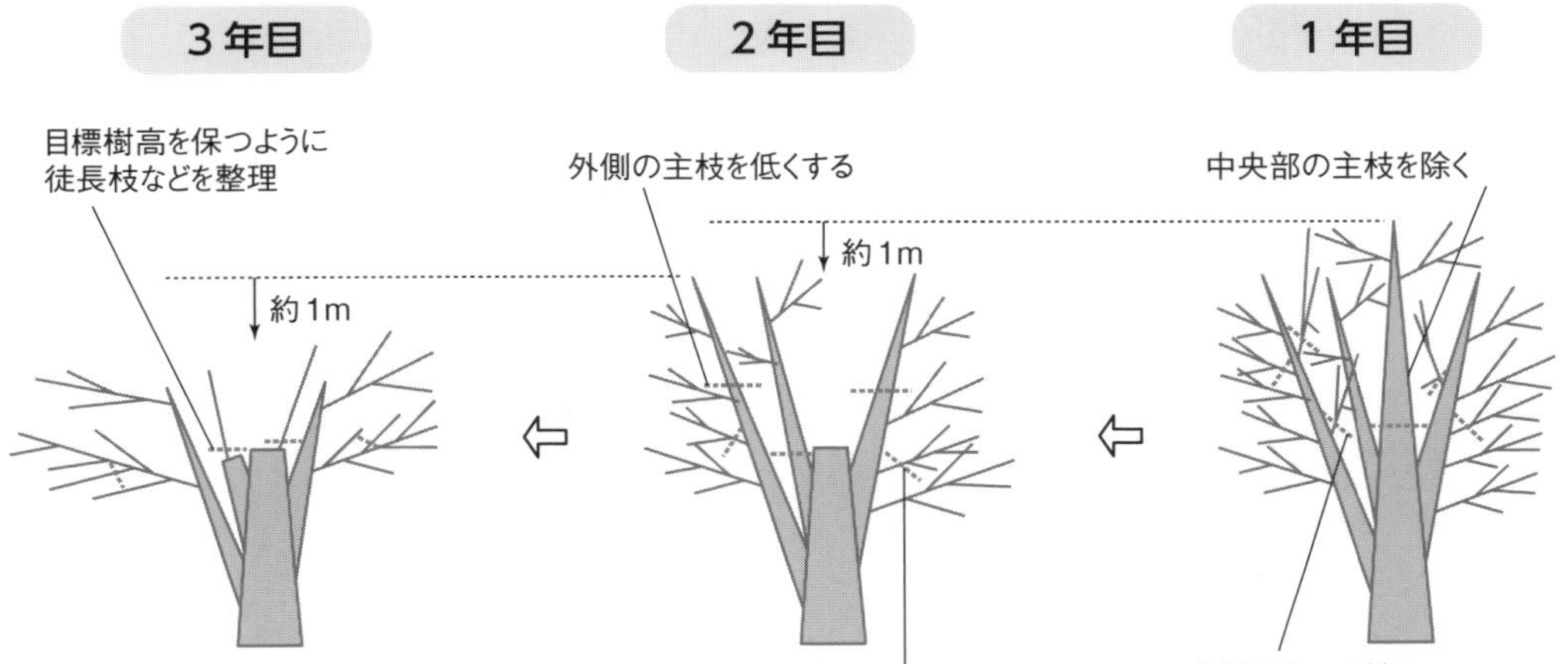
混み合った枝を
間引く
内側を向いた枝や
混み合っている枝を
間引くようにせん定

目標は樹高３～４ｍで、主枝の本数は２～３本、開心形にできるだけ近い形

無せん定のユズは、主枝（太い幹）が何本も乱立していることが多い。中央部の主枝を伐採し内部に光を入れる。ただし樹へのダメージを考え、年１ｍ程度を目安に段階的に低くする

ユズの低樹高化の効果

- 脚立を使わずに高枝バサミだけで収穫でき、作業効率の上昇や作業時の体への負担感が減る
- 樹の中央部にも日光が当たるようになり、新梢の発生が促進され、花芽の数が増えて増収につながる

樹形は栽培ユズの仕立て方で一般的な開心形（杯のような形）にできるだけ近づけることを目指します。

作業時のポイント・注意点

一度低樹高化してしまえば、あとは切り口などから生えてくる強い新梢の除去や、混み合ってきた枝の間引きなどを定期的に行なうだけで、しばらくは樹形を維持できます。

低樹高化することで、作業効率の改善だけでなく増収も期待できます。

作業をする際は、無数のトゲを持つ大木ユズとの対戦となるので装備が肝心です。ヘルメットと肘までカバーする革の手袋は必須です。

また、安全のため、返り枝のせん定作業は複数人で行ないましょう。高枝切り用チェンソーなどを使うと安全かつラクに作業できます。

低樹高化は自分でもできますが、地域内の協力を得て取り組むのも一つの手です。実際、陸前高田市では、森林組合の協力のもと、庭先ユズの低樹高化に取り組み、「北限のゆず」としてブランド化の動きが広がっています。

（岩手県立農業大学校）

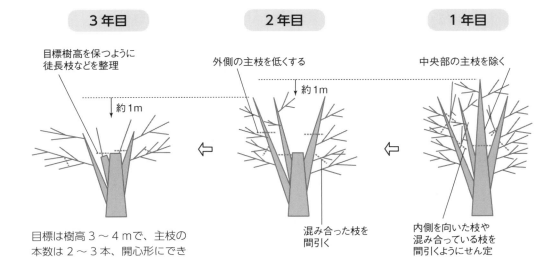

腱鞘炎にならない
高い枝もラクに切れる

せん定の道具

せん定作業を1日続けると、腱鞘炎になってしまう。脚立に乗るのも危なくて、高い枝はもう切れない。そんな悩みを抱える方に——。

安物はダメ

まずは、まさねぇ（106ページ）からのアドバイス。「道具を買う時の注意事項。ノコギリは1000円以上、せん定バサミは最低2000円、できたら2500円以上のものを買う。安物のハサミはまず切れないから」

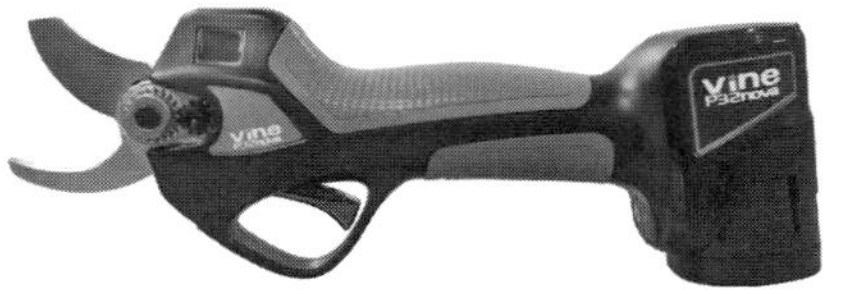

電動式せん定バサミ

腱鞘炎対策には電動のせん定バサミもおすすめ。和光商事の「Vine（バイン）P32nova」（税込９万6800円、電話03-5434-2751）はレバーを引くだけで、太枝でも切れる。重さ1030g、充電式なのでコードなし。1回の充電で３～４時間使用できる

電動式高枝バサミ

クリ農家が愛用しているのが、ニシガキ工業の「太丸充電プロ」（電話0794-82-1000）。長さ75㎝～2mまでのタイプがあり、高枝を切ったり、落としたせん定枝を立ったままでラクに裁断したりできる

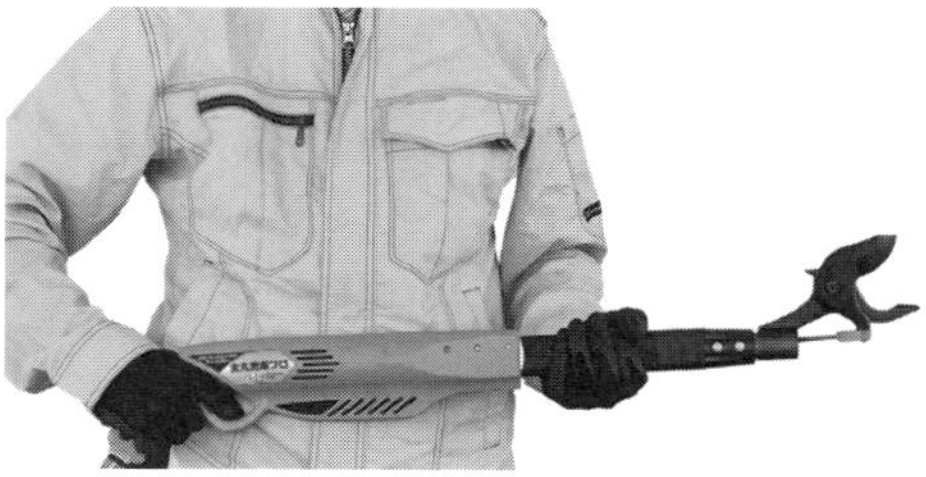

刈り払い機
取り付け型チェンソー

プロのカキ農家も愛用するハクスバーナ・ゼノア製の「ポールソー」。刈り払い機に取り付け、3mほどの高さの枝でも地上からラクラク作業できる

竹の分枝で挟んで引っ張るユズとり棒

高知県大豊町●細見優太

私の家には前の家主さんが植えた実生のユズが20本以上あり、少なくとも10年はせん定されていません。樹高5～6m。幹周りは平均70㎝程度でしょうか。トゲが邪魔をするので登って収穫するのは困難で、収穫に何らかの道具が必要でした。

敷地内で手に入る天然素材で自作できないかと考え、思い付いたのがこの「ユズとり棒」です。材料は竹のみ。しなりが少なくて軽く、分枝が頑丈な竹が適します。細くて軽い真竹や、重いけど分枝が丈夫な孟宗竹がよさそうです。

ユズの挟み方。このまま引っ張って落とす。2本の分枝の間の角度は45度程度がちょうどよく、60度を超すとうまく挟めない

ユズとり棒を使う筆者（33歳）。持ち手側が竹の上部なので細い。大人用は4m、子ども用は1.5mの長さでつくっている

作り方（竹を切ったあと）

①必要なユズとり棒の長さを決め、竹のどの部分を使うか見極める
②ユズとり棒に使う部分のうち、不要な分枝の枝打ちをする
③使う部分をノコギリで切り出す
④ユズを引っ掛ける部分をつくるため、分枝を切れば完成

分枝に引っ掛けて引っ張ると、枝から実が外れて落ちるので、それを拾って収穫します。3歳児でもできました。友人と一緒に収穫したりしていますが、数が多く、まだ全部とりきれたことはありません（笑）。

60㎝ほどの棍棒で、余計な枝を落とす（枝打ち）。ナタでもできるが、棍棒なら安全

ペットボトルでしっかりキャッチ

茨城県石岡市●魚住道郎

収穫器を使う筆者。ポールの長さは2m以上に伸びる。家にはアンズ、ブルーベリー、ビワ、クリ、クルミなども植えられている

使用したポールはキャンプなどで張るタープ（広い布）用の支柱。先端のロープを結ぶ突起が果実を傷付けないよう、ジャガイモを刺している

高い所になった果実は、樹によじ登ってとらねばならないし、ウメには毒ケムシがいたり、熟したカキやイチジクにはスズメバチが食べに来ていたり、ユズだと鋭いトゲで思わぬケガをしたりすることがある。また、足場の悪い傾斜地などでは、脚立がぐらついて危険である。

そこで考案したのが、「庭先果樹簡易収穫器」。わざわざ脚立に乗って危険な作業をしなくても、地上から収穫できる。２ℓのペットボトルの底の部分を切り取って側面に切り込みを入れ、伸縮自在のポールの先端に取り付けたら完成である。

果実をペットボトルの中に入れ、ペットボトルの切り込みに枝を挟み込み、ねじり折って収穫する。ポールの先端に突起があるので、果物を傷めないよう、私は小さなジャガイモを刺してクッションにしている。わが家の果樹で試したところ、カキ、ウメ、イチジクではそこそこ収穫しやすいが、ユズやキンカンは枝が折れにくく、簡単とはいえないようだ。お試しあれ。

竹の先を2つに割ったバッパサミ

神奈川県川崎市●飯草康男

針金での固定方法

キリで貫通させた穴に通し、グルグル巻く
針金

当地の名産である禅寺丸柿は、小粒で甘みが強い品種で、果肉には茶色いゴマ（タンニン）が入っているのが特徴です。個人の庭先や畑の端などにポツリポツリと植えられています。その収穫に昔から使われているのが「バッパサミ」です。

材料には軽い真竹を使います。長さは２〜５ｍと人によってバラバラで、ポイントは細くてまっすぐな竹を選ぶこと。先を割ってあり、ここに枝を挟んで折ることで収穫します。

私たち「柿生禅寺丸柿保存会」では、地域のカキの消毒を請け負ったり、収穫できない家へお手伝いに行ったりしています。また、地区の観光協会や地域振興課と協力し、収穫体験を毎年実施。麻生区民祭りや柿生駅前禅寺丸柿祭りで果実を販売する他、禅寺丸柿ワインや禅寺丸柿スパークリングワインを開発し、とても好評です。

禅寺丸柿をバッパサミで収穫。竹の先端をナタでＶ字やＵ字に割り、40㎝程度まで割れ目を入れる。それ以上割れないよう、割れ目の根元を針金で固定。１年乾燥させて、軽くしてから使用する

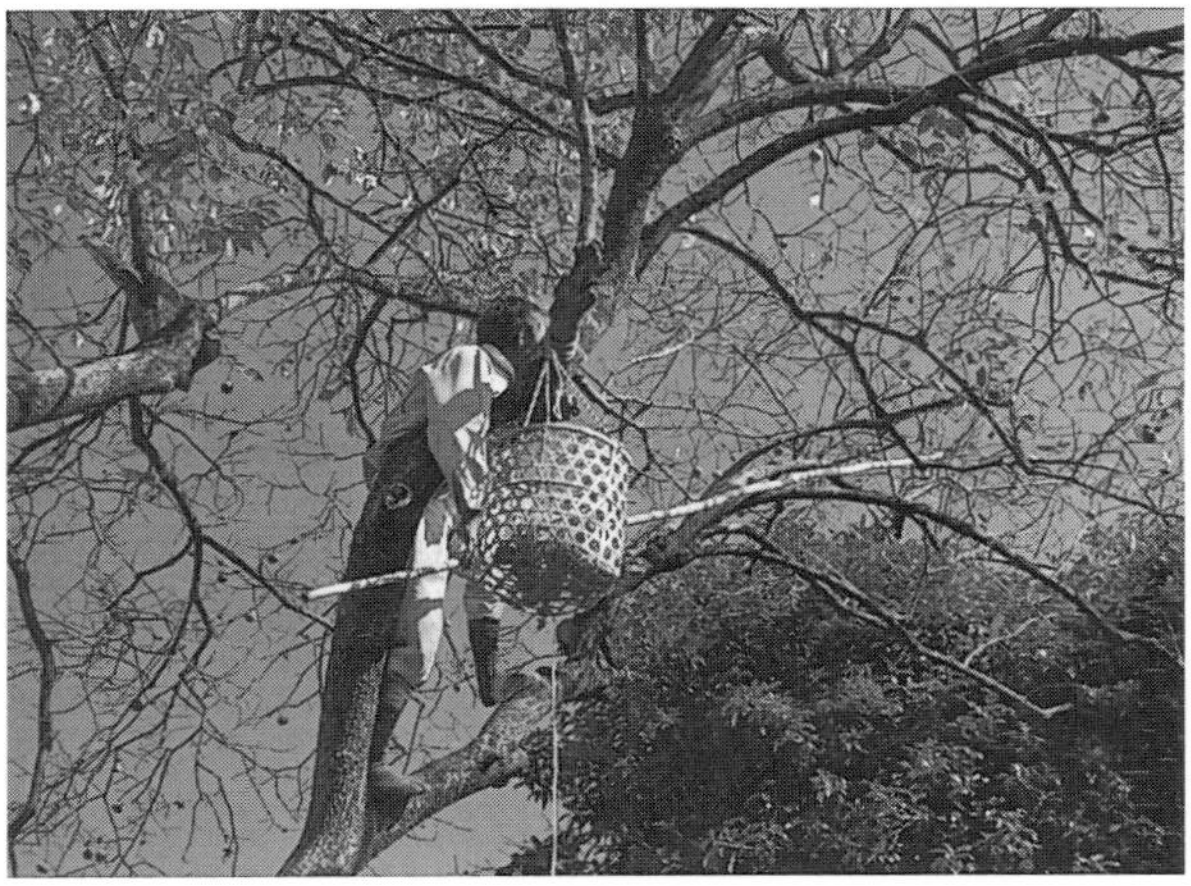

樹の上に登って収穫すると、ねらいがつけやすくなる。樹の下から収穫する場合よりも短めのバッパサミを使う

ことば解説

1年枝（いちねんし）
その年に発生した枝。新梢、当年枝ともいう。

開心自然形（かいしんしぜんけい）
主幹を短くして、そこから2～4本の主枝を斜めに開くように仕立てる樹形。開心形ともいう。枝が横に張り、コンパクトな樹形になるため、収穫や手入れがしやすい。

花芽（かが、はなめ）
発達すれば花になる芽のこと。葉や枝になる葉芽より一般に太くて丸い。

核果類（かくかるい）
種子が核という硬い殻に覆われている果樹。モモ、スモモ、ウメ、アンズ、アーモンドなど。ほとんどがバラ科サクラ属に属する。

基部優勢（きぶゆうせい）
水平状態に近い枝では、先端から発生する枝に比べて、基部に近い部分から発生した枝ほど強勢に伸びる性質。

結果母枝（けっかぼし）
花や果実を付ける結果枝を出す枝でカンキツ、ブドウ、カキ、クリなどに見られる。前年の発育枝が結果母枝になるので、毎年発育枝がたくさん出る樹は安定して収穫できる。

ジベレリン
植物ホルモンの一種。ブドウの開花前や開花時に花穂をジベレリン溶液に浸けるとタネなしになる。果粒肥大の効果もある。

主幹（しゅかん）
樹の幹。地表から一番低い主枝の分岐部までをいう。

主枝（しゅし）
主幹から発生する枝で、太い骨組みとなる枝。

シュート
新梢のこと。バラやブルーベリーなどでは、地際から太くて勢いのある新梢（ベーサルシュート）が伸びてくる性質があるので、これを新たな主軸枝として利用することもある。

早期成園化（そうきせいえんか）
苗木を植えてから、収益が出る時期に達するまでの期間を栽培技術によって短かくすること。

台木、穂木（だいぎ、ほぎ）
接ぎ木において、根を含む植物体を台木という（接がれるほう）。台木に接ぎ木される植物体のほうを穂木という。

頂芽優勢（ちょうがゆうせい）
先端の芽ほど早く発芽して新梢が強く伸びる性質のこと。とくに幼木や若木時代は、この性質が強いため直立方向に強く伸長する。

摘心（てきしん）
新梢の先端を摘むこと。

徒長枝（とちょうし）
1年枝のうち、直立方向に伸びる生育旺盛な枝。強せん定をすると、その反動で出てくることもある。ふつうは邪魔者扱いされて切られるが、積極的に活用する人もいる。

内向枝（ないこうし）
樹冠の外側から幹のほうへ向かって出た枝。逆枝、逆向枝ともいう。

発育枝、結果枝（はついくし、けっかし）
1年枝のうち、栄養生長が盛んな葉芽だけを着けた枝。生殖生長が盛んで花芽を着けるのが結果枝。

掲載記事初出一覧（年月号を記載している記事の出典は「現代農業」です）

口絵

多品種接ぎ木で楽しみすぎ果樹 …… 2022年4月号
アボカドを鉢植えで楽しむ
…………… 2021年7～12月号、2022年1月号

≪楽しみ果樹編≫

楽しみ果樹　きほんのき

庭先の楽しみ果樹Q＆A …………… 2020年8月号
わが家ではどんな果樹が育てられる
………………… 『庭先でつくる楽しみ果樹』より

楽しみ果樹のおすすめ品種

庭先を楽しみ尽くす果樹10品種 …… 2021年2月号

接ぎ木・取り木でビックリ栽培

果樹の高接ぎ きほんのき …………… 2022年4月号
宮式・多品種接ぎ木のやり方 ……… 2022年4月号
胴接ぎでカンキツ10種 …………… 2020年8月号
台木によって不知火の味が変わる!?
…………………………………… 2021年2月号
切り接ぎがアロンアルファで成功率アップ
…………………………………… 2022年4月号
失敗しないブドウの寄せ接ぎ ……… 2022年4月号
半年で実がなる鉢植えブドウ ……… 2021年9月号

植え付け・せん定の裏ワザ

ブルーベリーの「ど根性栽培」
…………… 2011年11、12月号、2020年4月号
カンキツは斜め植えで収穫が早まる
…………………………………… 2021年3月号
クワの実が秋にもとれる
………………… 2020年8月号、2021年8月号

楽しみ果樹の病害虫対策

苗木屋が答える　楽しみ果樹の病害虫診療所
…………………………………… 2021年6月号
楽しみすぎ果樹の病害虫対策 ……… 2023年6月号
防除は共通で使える農薬で ………… 2020年8月号
アグロスリンでケムシなし ………… 2023年6月号

【クスリを使わず病害虫を防ぐ工夫】

万能ペットボトル捕虫器 …………… 2023年6月号
えひめAI・木酢をじゃんじゃん散布
…………………………………… 2021年6月号
イチジクのショウジョウバエはバーナーで
…………………………………… 2021年6月号

これならできる熱帯果樹

アボカド鉢植え栽培のすすめ
…………… 2021年7～12月号、2022年1月号
買ったパイナップルの頭を埋めて増やせる
…………………………………… 2020年8月号

≪放ったら果樹活用編≫

放ったら果樹の手入れ術

放ったら果樹のせん定　3つの法則
…………………………………… 2019年12月号
放ったらウメが復活！ ……………… 2020年8月号
トゲだらけのユズの樹高を低くするには？
…………………………………… 2019年12月号

【収穫の便利道具】

せん定の道具 ……………………… 2019年12月号
ユズとり棒 ………………………… 2019年12月号
ペットボトルでキャッチ ………… 2019年12月号
バッパサミ ………………………… 2019年12月号

※執筆者・取材対象者の年齢、所属、記事内容等は記事掲載時のものです。

本書は『別冊 現代農業』2023年9月号を単行本化したものです。

※執筆者・取材対象者の住所・姓名・所属先・年齢等は記事掲載時のものです。

撮　影
赤松富仁
小倉隆人
黒澤義教
戸倉江里
依田賢吾

写真提供
雨宮政揮
小川梅吉製鋸所
香川県農業試験場
東京都農林総合研究センター
中田　健
農研機構

カバーデザイン
髙坂　均

本文デザイン
川又美智子

本文イラスト
アルファ・デザイン

農家が教える
庭先果樹のコツと裏ワザ
多品種接ぎ木、半年で実がなる鉢植え、せん定3つの法則

2024年2月25日　第1刷発行

農文協　編

発行所　一般社団法人　農山漁村文化協会
郵便番号 335-0022 埼玉県戸田市上戸田2丁目2-2
電話 048(233)9351(営業)　048(233)9355(編集)
FAX 048(299)2812　振替 00120-3-144478
URL https://www.ruralnet.or.jp/

ISBN978-4-540-23168-1　DTP製作／農文協プロダクション
〈検印廃止〉　印刷・製本／TOPPAN(株)